KB159129

CHANGE THE QUESTION

CHANGE THE QUESTION

답을 찾는 걸 멈추고 질문을 바꿔라!

마케팅의 정답을 찾기 위한 9가지 큰 기술

최상학 지음

bs

오늘도
어디선가
어둠 속에서
보이지 않는

을 찾기 위해
고군분투하는
당신과 우리
모두를 위해

QUESTION
THE ESSENCE
ALL FROM YOU
PURPOSEFUL
DOING
IMAGINATION
LOOK AS IT IS
BE THE MINOR
METHOD AD
DESTINATION

이 책은 위의 키워드에 관한
열 가지의 이야기를 담고 있습니다

CONTENTS

INTRO

그 남자의 스타킹

CHAPTER 1

세상에서 가장 중요한 것 질문

_QUESTION, QUESTION and QUESTION

CHAPTER 2

본질에 관한 질문을 던져야 합니다

_THE ESSENCE

CHAPTER 3

내가 아닌 너로부터 비롯된 질문이어야 합니다
_ALL FROM YOU

CHAPTER 4

목적을 지향하고 달성할 수 있는 질문을 해야 합니다
_PURPOSEFUL

CHAPTER 5

행동하기를 위한 질문이 아니라면 버려도 좋습니다
_DOING

CHAPTER 6

상상력을 가진 질문이 창의적인 결과를 만듭니다
_IMAGINATION

내가 아는 거 다 가르쳐줘도 괜찮아 왜냐고 가르쳐줘도 안 해 다들 안 하더라

“ ”

아는 책이 아니라 하는 책입니다

보통의 책은 지식과 정보를 '알게 해'주는 책입니다. 그러나 이 책은 행동을 '하게 해'주는 책입니다. 저는 강의할 때 시간이 허락하는 한 제가 아는 모든 걸 다 오픈하고 알려드립니다(유명한 식당의 비법, 마술의 비밀처럼요). 한 번은 아내가 '모든 걸 다 가르쳐줘도 괜찮아?' 라며 걱정하듯 물어봤던 적이 있습니다. 왼쪽의 말은 그때 제가 그녀에게 했던 답입니다. 이 책은 당신의 새로운 '지식'을 위해서가 아니라 오직 하나, 당신의 새로운 '행동'을 위해 태어났습니다. 그래서 처음부터 끝까지 당신을 자극하려고 합니다. 당신이 '당장 새롭게 행동할 수 있도록' 끝없이 자극할 것을 약속합니다. 내용이 마음에 들어서 '백 번을 읽는 분'보다는 '단 하나라도 실천하는 분'이 계시기를 정말 진심으로 기원합니다.

INTRO

그
남자의
스타킹

\-

누군가의 프로포즈 이야기

그남자의 스타킹을 찾아라!

■

비극적 프로포즈의 시작

□

철수가 영희에게 프로포즈를 합니다. 영희도 철수에게 호감이 있던 터라 어쩌면 잘 될 수도 있었을 겁니다. 그런데 그날, 영희는 무심코 철수의 신발을 보다가 화들짝 놀랍니다. 철수가 운동화 속에 스타킹을 신고 있었거든요.

"남자+스타킹=변태"

■

문제 찾기 혹은 비극의 시작

□

영희는 평소에 '남자'와 '스타킹'의 조합은 "변태"라는 인식을 갖고 있었습니다. (그 이유는 모르겠지만요.) 아무튼, 그러다 보니 뭔가 찜찜한(?) 영희는 프로포즈를 정중하게 거절합니다. 철수에게는 너무나 슬픈 일이었겠지요. 자, 진짜 비극은 이제부터 시작됩니다. 철수는 키가 150cm입니다. (혹은 몸무게가 130kg일수도 있고요.) 철수는 사춘기 때부터 지금껏 매번 고백을 했다가 실패했던 경험이 있어 이번에도 늘 그랬던 것처럼 이렇게 생각합니다.

'또, 내 키가(혹은 내 몸무게가) 내 인생의 발목을 잡는구나.'

'살아생전 다시 못 만날 멋진 여자 영희를 놓치지 않기 위해서는 키를 늘려야(혹은 살을 빼야)한다.'라고 말이죠. 그날부터, 철수는 키를 늘리기 위해 줄넘기와 철봉을 하고 콩나물을 먹고 우유를 마십니다. '더 큰 키'의 철수로 영희에게 고백하기 위해서지요. 하지만 이런 방법들로 키를 늘리는데 한계가 있겠지요. 단기간에 획기적으로 키를 늘리는 방법을 찾던 철수는 결국, "수술"이라는 방법을 찾게 됩니다. 5년간 부은 적금을 깨 고통을 참고 다리뼈를 자르고 철심을 박아 넣는 인공관절수술을 받아 다행히 수술이 잘 되어 철수의 키는 무려 185cm가 되었습니다. 자, 드디어 185cm로 변신한 철수가(혹은, 70kg으로 감량한 철수가) 영희를 만나 다시 한번 고백합니다. 과연 이 고백은 성공할까요, 실패할까요?

■

The Worst Question of him

□

왜 이런 비극이 생겼을까요? 철수는 영희로부터 거절당하자마자 실패의 원인, 즉 문제(키 혹은 몸무게)를 '혼자서 빠르게' 결정했기 때문입니다. 그리고는 문제를 해결하기 위한 질문도 스스로에게 던졌지요.

"가장 빠르고 확실하게 키를 늘릴 방법은 무엇일까?'

그래서 그는 이것저것 해 보다가 상당한 희생까지 감수하며 수술을 한 거죠. 더 비극적인 것은, 정신적인 것과 물질을 소모했음에도 목표달성(그녀의 마음을 얻는 것)에는 실패했다는 것입니다. 그렇다면, 철수는 가장 먼저 그리고 가장 큰 에너지를 들여서 "무엇"을 해야 했을까요?

■

Problem is the Real Problem

□

우리 모두는 일에서든 인간관계에서든 대부분의 경우 '답'을 찾는데 많은 노력과 시간을 쏟아 붓고, 늘 어떤 답이 '정답'일까 고민하고 또 고민합니다. 자연스럽게 문제보다는 '답'이 가장 중요하다고 생각하게 되는 것이죠. 하지만, 진짜로 중요한 것은 '문제'입니다. 문제가 진짜 문제입니다. 문제야 말로 진정한 문제입니다. 앞의 철수의 프로포즈 이야기도 마찬가지입니다. 문제를 제대로 찾았어야 합니다. 문제를 찾는 일에는 아무리 많은 시간과 에너지를 써도 부족하지 않습니다. 그리고 우리가 찾아야 할 '진짜 문제'는 철수의 얕디 얕은 경험과 막연한 짐작 혹은 자격지심, 친구들의 술자리 농담, 소위 연애 전문가라고 하는 사람들의 조언 따위에는 절대로 존재하지 않습니다. 마케팅에서의 문제 또한 마찬가지입니다. 시장점유율 자료에, 신문기사에, 조사보고서에, 전문기관의 분석자료에, 마트 매대의 현황은 참고자료일 뿐입니다. 그 어느 곳에도 '진짜 문제'는 존재하지 않습니다. 문제는 오직 '상대방(소비자)의 인식'에 존재합니다. 시간을 한 번 되돌려 볼까요? 철수가 영희의 거절을 당한 직후, 집에 오면서 스스로에게 반드시 해야 했던 질문은 다음과 같습니다.

"영희가 내 고백을 거절한 진짜 이유는 무엇일까?"

(키나 몸무게 때문이라고 쉽게, 금방 단정할 수 있겠지만 일단 유보하고) 이런 질문을 스스로에게 던졌더라면 철수가 가장 먼저 했을 일은 '키를 키우기 위한 각종 액션'이 아니라 '영희의 친한 친구들을 한 명씩 만나는 것'이었을 겁니다. 영희의 인식에 존재하는 '진짜 문제'를 찾기 위한 조사의 과정이겠지요. 영희에게 물어본들 이야기를 해 주지 않을 것이고 심지어 어떤 경우는 문제 자체가 '본인도 의식하지 못한' 무의식의 영역에 존재하기도 합니다. 철수는 영희의 친구들을 한 명씩 만나서 간절하게 '영희가 거절한 이유'를 묻고 또 물었어야 합니다. 이유를 모르는 사람도 있고, 영희에게 들어서 아는 사람은 영희가 비밀이라고 해 준 이야기인지라 말해 주기 곤란할 겁니다. 드디어, 다섯 번째로 만난 영희의 절친인 영숙이로부터 조심스럽게 '스타킹'에 대한 이야기를 듣게 됩니다. (물론 영희는 절대로 말하지 말라고 신신당부했겠지만, 영희에 대한 철수의 진심이 영숙의 입을 열게 한 거겠지요.)

■

가장 효율적이고 효과적인 철수의 해피엔딩

□

자, 드디어 철수가 진짜 문제를 찾아냈습니다. '철수의 작은 키(혹은 몸무게)가 아니라 영희는 그날의 철수가 신은 스타킹으로 인해 어쩌면 철수는 변태일지도 모른다'라는 인식이 생겼다는 것입니다. 물론, 우리의 철수는 변태가 아닙니다. 너무나 억울합니다. 하지만 늘 우리의 실체보다 훨씬 더 중요한 것은 '영희(소비자)의 인식'이죠. 그럼 이제 간단히 이 문제를 해결해 보겠습니다. 문제를 해결하고 고백에 성공하는 방법은 이렇습니다. 회식자리에서 영희 근처에 앉되 그녀를 등지고 다른 친구들과 이야기를 합니다. (우연을 가장하며 철수의 목소리가 잘 들릴 수 있게 해야 하니까요.)

"아, 글쎄 얼마 전에 출근하는데 엄마가 양말을 다 빨아 버린 거야. 회사는 가야 하고 정말 미치겠더라고~ 엄마가 미안하다며 부탁하셔서 정말 어쩔 수 없이 그날 내가 스타킹을 태어나서 처음으로, 처음이자 마지막으로 신었어. 어쩔 수 없어서 신어보긴 했지만 영~ 불편하더라고. 여자들은 어떻게 신지?"

자, 어떻게 될까요? 아마 영희의 오해는 단박에 풀릴 겁니다. 즉, 인식이 바뀌게 되겠지요. '내 오해였구나~ 역시 철수는 착하고 좋은 사람이었어'하고 말이죠. 이렇게 오해가 풀린 두 사람은 어쩌면 그 이후로 예쁘게 사귀다가 결혼까지 하고 행복하게 살지도 모르겠군요. 이 방법은, 시간이 들더라도 진지하고 꼼꼼하고 지독하게 매달려서 진짜 문제를 찾아서 가장 좋은 질문을 하고 답을 찾아가는 이 방법은, 혼자서 빠르게 문제를 단정짓고 엉뚱한 질문을 하고 답을 찾는 것보다 훨씬 더 효율적입니다. 그리고 그보다 더 중요한 것은 이 방법이 결국 프로포즈를 성공(목표를 달성)하게 한다는 것입니다.

FAIL

가장 빠르고 확실하게
키를 늘릴 수 있는 방법은 무엇일까?

영희가 고백을 거절한
진짜 이유는 무엇일까?

SUCCESS

자꾸 틀린 질문만 하니까 맞는 답이 안 나오잖아요

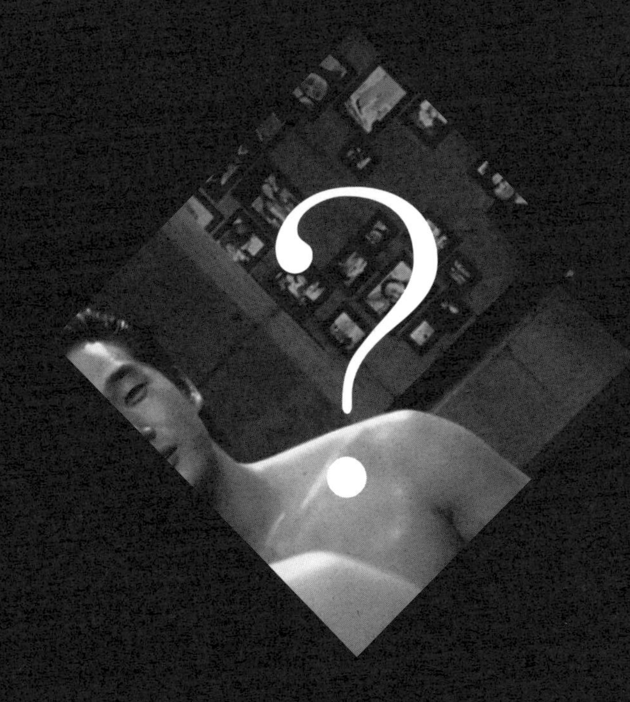

영화 〈올드보이〉에서 '왜 15년간 날 가뒀는지' 묻는
최민식에게 유지태는 이렇게 말합니다.
'왜 가뒀는지'가 아니라 '왜 풀어줬는지' 생각해 보라고.
맞는 답을 찾기 위해서는 '제대로 된 질문, 좋은 질문'이 필요합니다.

CHAPTER 1

BQ

호랑이랑 사자랑 싸우면 누가 이길까요?
결혼하는 게 좋을까요, 안 하는 게 좋을까요?
(실력을 키우려면) 어떤 책을 읽는 게 좋을까요?
(당신의 성격을 맞춰보리라) 혈액형이 뭐예요?
(재 좀 마음에 안 드는데) 걔, 고향이 어디래?
살을 빼려면 어떤 음식을 먹고 어떤 운동을 해야 할까요?
혼수는, 예물은, 아파트는 어느 정도해야 할까요?
빅 모델을 쓰는 게 나을까요, 안 쓰는 게 나을까요?

세상에서 가장 중요한 것 질문

-

QUESTION, QUESTION and QUESTION

14 WINNING 18 YEARS

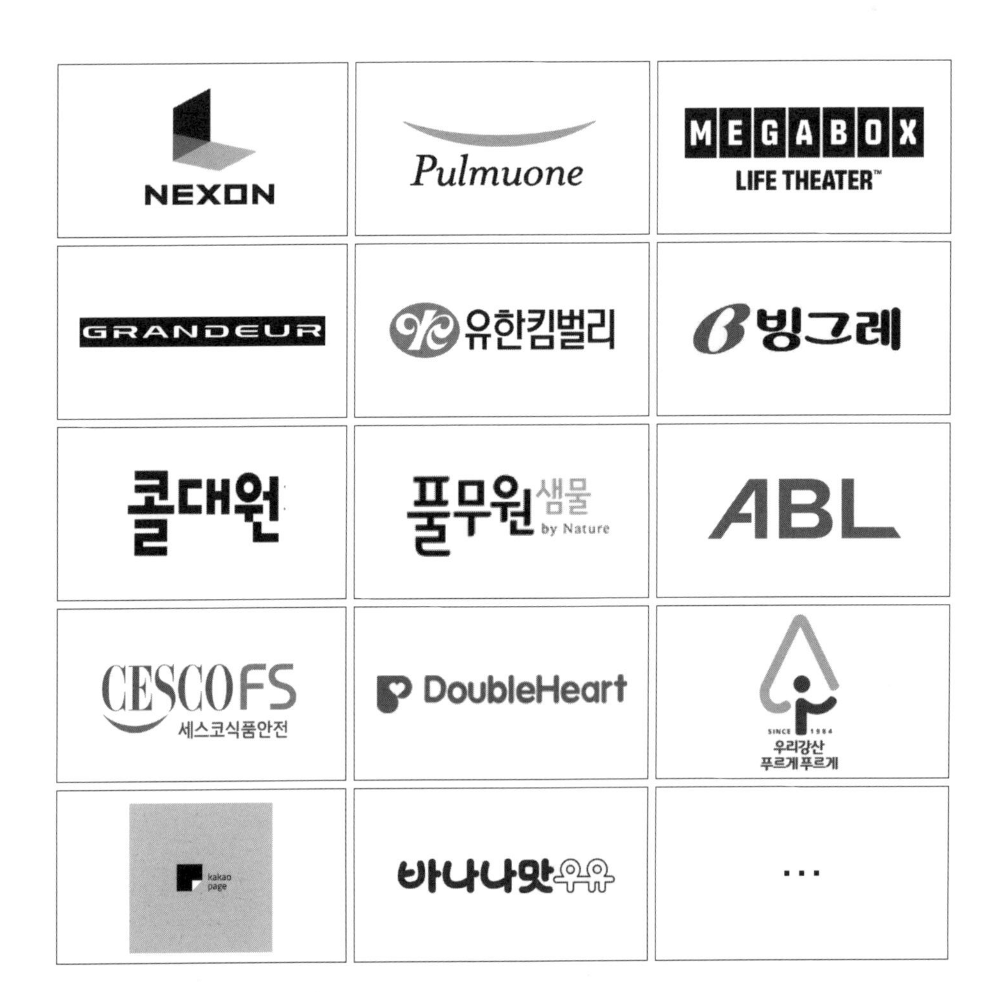

저는 18년 차 광고쟁이입니다

광고주는 우리에게 질문합니다

광고주는 우리에게 문제를 냅니다

질문에는 대「답」이 문제에는 정「답」이 필요하죠

광고회사의 일을 한 마디로 말하자면

「답」을 찾는 일입니다

답을 찾는 사람들

■

답을
찾는
사람들
광고쟁이

□

광고회사는 광고를 만드는 일을 합니다. 왜, 광고주들은 돈을 들여 광고를 만들고—때로는 제발 광고를 보고 싶지 않다는—사람들에게 보여주려고 할까요? 그 이유는 광고주의 브랜드가 갖고 있는 문제—소비자 인식 속 문제—를 해결하기 위해서입니다. 즉, 광고회사는 광고주에게 의뢰를 받아 '광고주 브랜드의 문제를 해결'하는 일을 하고 그 대가로 수익을 얻는 회사입니다. 브랜드가 가진 문제에 대한 '답'을 찾는 일이 주요한 업무라고 할 수 있습니다. 일반기업들은 해당 업종 내에서, 한 브랜드에 집중해서 답을 찾는 일을 합니다. 그에 반해 광고회사는 일 년에 십여 개~수십여 개 업종의 다양한 브랜드의 답을 찾는 일을 합니다. 더 넓게 더 많이 더 치열하게 답을 찾아야만 먹고 살 수 있는 일이라고 할 수 있겠지요.

■

흥하느냐
망하느냐
생존하느냐
마느냐

□

그 기준은 바로 광고주입니다. 광고회사는 광고주가 있어야 존재할 수 있는 회사입니다. 대부분의 경우 광고회사가 광고주를 영입하는 가장 중요한 방법은 '경쟁 프리젠테이션(경쟁 PT)'입니다. 짧게는 며칠에서 길게는 몇 달간, 대여섯 명에서 많게는 수십 명이 한 마음 한 뜻으로 낮밤 없이 휴일 없이 준비를 하고 마지막 날 전략과 아이디어 제안 후, 대학입시 결과를 기다리듯 발표를 기다리는 것이 '경쟁 PT'입니다.

■

경쟁 PT 17전 14승 승률 82%

□

광고주를 직접 만나고 제안을 직접 프리젠테이션해야 하는 광고기획자들에게 경쟁 PT 성패와 승률은 가장 중요한 개인과 팀에 대한 평가기준 중의 하나입니다. 저는 지금까지 18년간 광고주를 만나서 광고를 만들고 그 광고를 세상에 선보이는 일을 해왔습니다. 수십 개가 넘는 다양한 업종의 회사와 브랜드를 위해 함께 일해 왔습니다. 현업(확보된 광고주를 위해 전략을 수립하고 광고를 제작, 집행하는 일)에서도 좋은 경험을 하고 배우고 성장했지만 저희 일의 하이라이트는 늘 경쟁 PT였습니다. 주니어 때 팀원으로 PT를 함께 했을 때는 '병사'의 역할이었다면, 2006년 처음 프리젠터로 무대에 오른 이후 총 17번 프리젠터로 일했을 때는 '지휘관'의 역할이었습니다. 프리젠터일 때는 당연히 처음부터 끝까지 더 큰 책임감과 무게를 어깨에 짊어지고 있습니다. 2006년부터 현재까지 직접 기획서를 쓰고 무대에 올라가 광고주에게 프리젠테이션을 한 것이 총 17번이었고 그중 14번을 승리해 광고주를 수주하였습니다. 물론, 저 혼자서 아이디어를 만들고, 기획서를 쓰고 프리젠테이션을 모두 준비했다는 뜻은 절대 아닙니다. 광고는 팀으로 해야 하는 일입니다. 다만 기획팀의 팀장, 본부장, 캠페인디렉터로서 전체 프로젝트를 리드하고 프리젠테이션을 크리에이티브디렉터와 함께 디자인하고 무대에 CD와 함께 혹은 혼자 올라가서 발표하는 일을 맡아서 했습니다. 광고회사가 답을 찾는 사람들이라면, 저는 그중에서도 '답 찾는 일을 조금은 잘하는 사람' 축에 속한다고 볼 수도 있지 않을까요? (민망하기 그지없습니다만, 다음의 이야기를 하기 위해서이니 부끄러움은 잠시 내려두겠습니다.) 답을 찾는 일을 하다 보니, '광고를 더 잘하고 브랜드의 답을 더 잘 찾는 방법'이 크게 보면 '인생을 잘 사는 방법'과 흐름을 같이 하고 있다는 것을 알게 되었습니다.

광고에서
인생에서
세상에서
제일중요한
딱세가지

첫 번째는 '질문'입니다.
질문은 문제이고 문제를 뒤집으면 목표가 됩니다.
그래서 '질문'이 제일 중요합니다.

두 번째는 '질문'입니다.
우리는 프레임 안에서 살 수 밖에 없는 존재입니다.
질문은 가장 쉽게 프레임을 만듭니다.
그래서 '질문'이 가장 중요합니다.

세 번째는 '질문'입니다.
잘못된 시험지를 갖고 아무리 풀어봐야 좋은 결과를 얻지 못합니다.
우리의 일, 일상, 인생에서도 마찬가지 아닐까요?
세상에서 가장 중요한 것이 '질문'입니다.

18년간 광고쟁이로 열심히 답 찾기를 하다가 어느 날 깨달은 것은
답이 안 찾아지고 계속 헤매는 많은 경우 답이 아니라
질문이 잘못되었을 수 있다는 것이었습니다.
그것이 제가 이 책을 쓰게 된 이유입니다.

우선
이것만
기억해
주세요
세상에서
가장
중요한
그것은
질문이다

설악산 대청봉 에서 축구공을 굴리다

정상에서 불과 5cm정도 다른 방향으로 두 개의 공을 굴린다면 어떻게 될까요? 내려간 지 얼마 안 되었을 때는 두 공의 위치가 별 차이가 없겠지만 산의 아래로 공이 내려왔을 때는 하나는 동해안으로, 다른 하나는 휴전선으로 갈 것입니다. 아주 작은 다른 시작이 아주 큰 다른 끝을 만듭니다. 어디서부터 시작하는가 하는 것은, 우리 생각보다 훨씬 더 중요합니다.

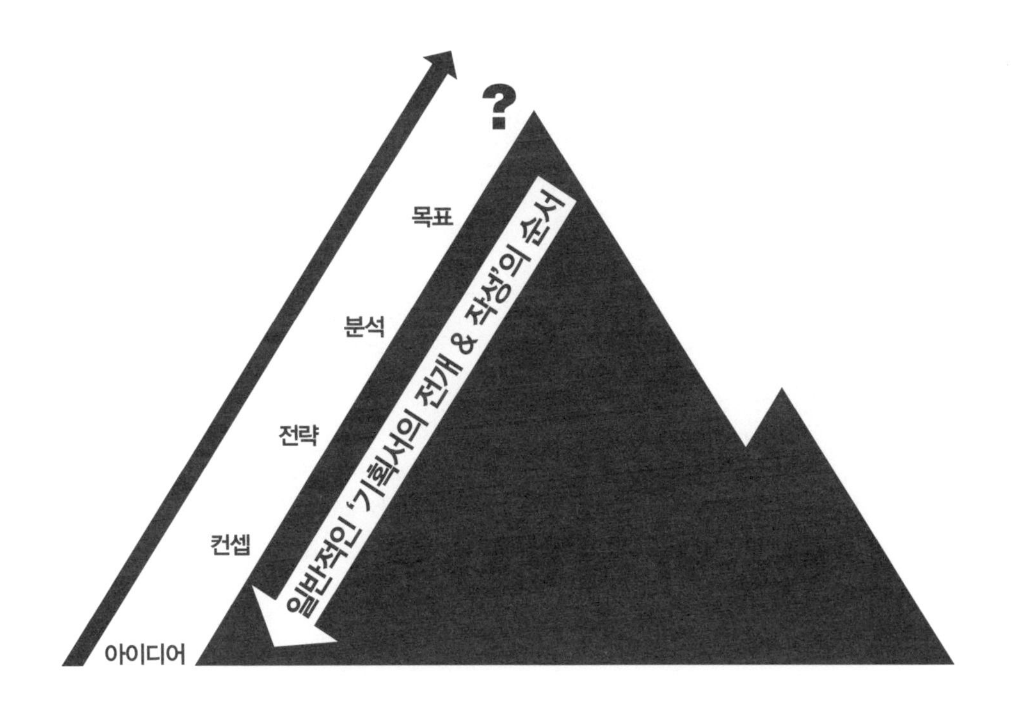

위의 그림을 함께 보시죠. 광고주에게 제안하는 광고기획서는 일반적으로 그림의 위쪽에서 아래쪽으로 진행됩니다. 이번에는 아래에서 위로, 거꾸로 올라와 볼까요? 제일 아래에 아이디어가 있고 바로 앞에 컨셉이, 그리고 그 앞에 전략이, 그리고 그 앞에 분석(환경, 자사, 경쟁사, 소비자 등)이, 그 앞엔 목표가 있습니다. 그렇다면 목표 앞, 산의 정상에는 무엇이 있어야 할까요?

우리는 무엇을 기준으로 목표를 정해야 하는 걸까요? 목표가 '달성해야 하는 것'이라면 자연스럽게 목표의 기준은 '달성해야 하는데 아직 달성하지 못한 것'이 될 겁니다. '달성하지 못한 것, 갖지 못한 것, 아직 이르지 못한 상태' 우리는 이것을 '문제'라고 부릅니다. 살을 빼는 것이 목표라면 살이 찐 것이 문제이고 취직을 하는 것이 목표라면 아직 취직하지 못한 것이 문제죠. 그래서 목표 앞에는 늘 문제가 있습니다.

PROBLEM

PT
를 할 때
대부분의 경
우 사람들이 가장
주목하고 관심을 갖는
것은 마지막 화려한 '아이
디어'입니다. 하지만 뿌리가 약
한 나무는 크게 자랄 수도, 화려한
꽃과 탐스런 열매를 맺을 수도 없습니다.
열매와 꽃의 근원을 찾아 내려가면 뿌리가 있
듯이 제안의 핵심인 아이디어 또한 근원을 찾아
올라가 보면 '문제'에 도달하게 됩니다. 대청봉에서 공
을 굴릴 때 어디서 시작하느냐가 공의 도착지점, 즉 결과를
좌우하듯 '무엇을 문제로 정의할 것이냐'는 '어떤 아이디어가 나
올지'를 결정하게 합니다. 그래서, '문제에 대한 규명'은 중요합니다.
문제가 가장 중요합니다——————————————!!

I D E A

Problem
is
The Real Problem

문제는 가장 앞에 있기 때문에
그리고
이후 단계의 모든 것의 방향을 결정할 수 있기 때문에
문제가 진짜 문제입니다.
문제가 가장 중요합니다.
그야말로 문제를 무엇으로 결정하느냐가
모든 것이라고 할 수 있습니다.

Problem
turns into
Question
from
Problem

문제를 해결하기 위해 사람들은 질문을 합니다.
문제는 해결되기 위해 질문으로 탈바꿈합니다.
질문은 결국 문제에서 온 것입니다.
질문은 문제를 담고 있습니다.
질문이 곧 문제입니다.
그래서, 진짜 문제를 발견하는 것이
좋은 질문을 하는 첫 번째 단계입니다.

뭘 시켜먹으면 뭘 해 먹으면 배가 부를까?

뭘 먹고 무슨 운동을 얼마나 해야 빠질까?

어떻게 해야 사이가 좀 나아질까?

한정된 예산으로 인지도를 높이려면 뭘 어떻게 해야 할까?

무슨 행사, 어떤 광고를 해야 좀 띄울 수 있을까?

토요일 내내 잤더니 배가 고프다.

직장생활 10년, 살이 10kg이나 쪘다.

김 대리랑 너무 서먹해서 불편하다.

브랜드 인지도가 너무 낮다.

신제품에 대한 반응이 너무 시큰둥하다.

Real Problem !

FRAME

Don't Think of an Elephant

미국 진보진영 최고의 '프레임 이론'전문가인 조지레이코프는 그의 책, '코끼리는 생각하지 마'에서 (코끼리가 심볼인) 공화당 프레임 전문가들의 강력한 'Agenda Pitching&Framing'을 항상 경계하고 조심해야 한다고 말합니다. 그는 이 책의 제목에서 가장 핵심적인 메커니즘을 잘 전달하고 있습니다. 누군가 '코끼리(공화당)는 생각하지 마'라고 하는 순간 그 이야기를 듣는 모든 사람들은 머릿속으로 일제히 '코끼리를 생각하게' 되는 거죠. 우리말로는 '말린다'라는 표현이 맞는 표현인 것 같습니다. 총기규제의 당위성, 필요성에 대해 논의를 흐트리고 깨기 위해 '총기가 없어서 범죄의 피해를 당한 사람들'에 대한 숫자와 구체적인 안타까운 사례를 들고 나오면 사람들은 그야말로 그 사연에, 구체적인 이야기에 말리기 시작하는 겁니다. 이 코끼리가 이 '틀'에서 벗어나기는 어려워 보입니다. 우리도 마치 이 코끼리처럼 대부분 우리의 사고와 행동은 오직 '프레임'안에서만 움직입니다. 그래서 프레임은 강력하고 또 무섭습니다.

그렇다면 이런 프레임은
무엇으로 만들어질까요
?
프레임은 '말'에 의해서
우리 인식 속에 만들어집니다
이 '말'은 누군가 내게 한 말일 수도 있고
내가 나에게 한 말일수도 있습니다
!
프레임을 만들 수 있는
가장 효과적인 말하기 방식은 무엇일까요
?
바로 주목을 끌 수 있는 힘을 가진
'질문'입니다
!

여러분이 누군가에게
코끼리를 생각하도록 만들고 싶을 때
어떻게 하면 가장 확실하게
코끼리를 생각하게
할 수 있을까요?

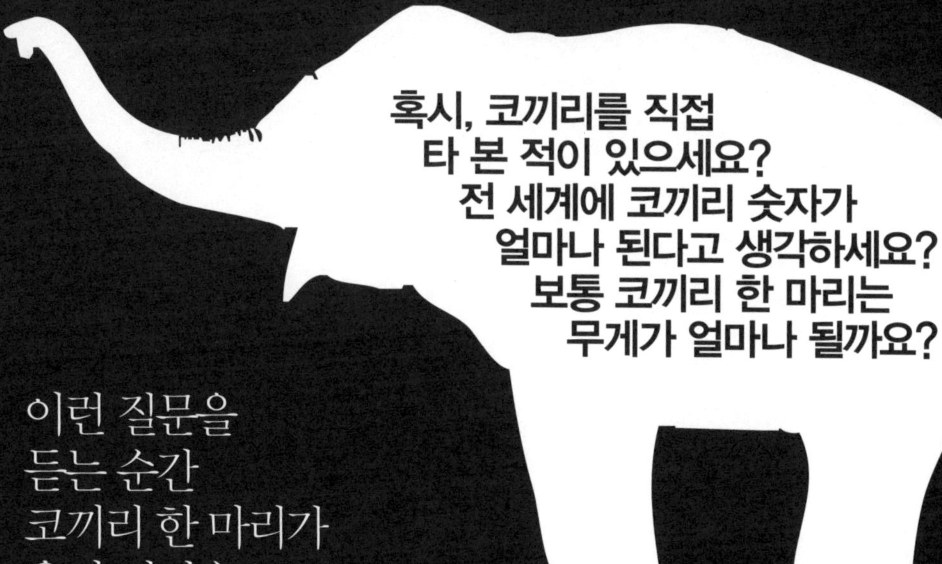

**혹시, 코끼리를 직접
타 본 적이 있으세요?
전 세계에 코끼리 숫자가
얼마나 된다고 생각하세요?
보통 코끼리 한 마리는
무게가 얼마나 될까요?**

이런 질문을
듣는 순간
코끼리 한 마리가
우리 머릿속으로
들어오게 됩니다.

질문 주의를 기울이게 하는 가장 강력한 화법

30초만 지나도 딴짓, 딴생각을 하는
'청중의 무관심과의 싸움'이 프리젠테이션입니다.
프리젠테이션에서 쓸 수 있는 가장
강력한 스킬 중 하나가 바로 '질문'입니다.
사람들은 설명이나 권유, 주장보다
'질문'에 훨씬 더 쉽게 더 큰 주의를 기울입니다.
물어보니 답을 해야 할 것 같아서 생각을 더 많이 하게 되고
자연스레 관여도가 높아집니다.
그리고 답이 궁금하기도 하고요.
또, 답할 사람을 지정하지 않은 경우,
'나를 시키면 어떡하지'하는 생각에
긴장도가 올라가서 주의가 집중되기도 하죠.

가장 빠르고 확실하게 원하는 프레임을 만드는 방법

먼저 말을 꺼낸 사람의 '의도된 혹은 의도되지 않은 말'이
우리 머릿속에 들어오면 프레임이 만들어집니다.
같은 이야기를 하더라도 '질문'으로 던지면 Attention이
훨씬 높아집니다. 그래서 더 빠르고 확실하고 쉽게
원하는 프레임을 만들 수 있습니다. 프레임을 만들어 버리면
상대방은 오직 그 프레임 안에서 사고하고 생각할 수밖에 없게 됩니다.
정수기를 팔러 온 영업사원이 다른 정수기와 다른 장점만 늘어놓기 보다는,
"혹시, 정수기 사용률이 얼마나 되는지 아십니까?"
— 대세감의 프레임
"오염된 물로 병원을 찾은 환자가 몇 명인지 아세요?"
— 수질오염의 프레임
라고 질문을 던졌을 때 훨씬 관심과 설득력이 높아지게 되는 거죠.

■

말의 빗장 닫기 또는 질문으로 빗장 닫기

□

故 이윤기 작가의 자전적 소설 〈하늘의 문〉에는 실제 6.25전쟁 때 있었던 에피소드를 언급하며 '말의 빗장 닫기'에 대해 말하는 대목이 있습니다. 전투에서 패하고 부대와 떨어져 혼자서 도망가던 미군 부상병이 한 명 있었습니다. 도망치던 그는 우연히 할머니와 손자만 살고 있는 초가집에 이르게 됩니다. 그 미군은 할머니에게 손짓발짓으로 자신을 제발 좀 숨겨달라고 부탁합니다. 할머니는 이 미군 부상병을 숨겨주었고요. 이윽고, 북한군 병사들이 나타나 할머니에게 총부리를 들이대며 위협합니다. "이쪽으로 도망치던 미군 봤지? 당장 사실대로 말하지 못해!" 할머니는 이렇게 대답하죠.

"아~ 코가 이만큼 크고 눈이 파란색에 머리가 노오란 칠척 장신의 미국 군인을 말씀하시는 거지요?"

"그래, 맞아 맞아 어디로 갔어. 당장 말하라우." "그 미군은 저기 보이는 마을 뒤쪽 산으로 갔어요." 북한군 병사들은 할머니가 가르쳐 준 쪽으로 모두 달려갔고 그 미군은 무사히 살아남아서 부대로 돌아갔다고 합니다. 이윤기 작가는 할머니가 구사한 화법을 '말의 빗장 닫기'라고 표현합니다. (개인적으로 참 멋진 우리말 표현이라고 생각합니다.) 북한군들은 미군의 외모에 대한 할머니의 묘사가 너무나 구체적이고 정확했기 때문에 할머니가 '진실'을 말한다고 생각했던 것입니다. 그러므로 이어서 할머니가 말한 '미군이 도망간 방향'에 대해서도 '진실'을 말한다고 믿게 된 거죠. 즉, 할머니는 '외모에 대한 구체적인 진실'을 말함으로서 '할머니가 진실을 말하는지 거짓을 말하는지 의심해 볼 수 있는' 북한군의 생각의 빗장을 닫아버린 거죠. 그 결과로 '이 할머니는 내게 진실만을 말하고 있다'라고 생각하게 된 것입니다. 그런데 자세히 들여다 보면 할머니는 북한군의 질문에 대해 질문으로 응수하고 있습니다. '이러저러하게 생긴 미군 말씀하시는 거죠?' 라는 외모에 대한 진실을 담고 있는 질문이 북한군의 귀에 들어가는 순간 '이 할머니는 진실을 말하고 있다'라는 프레임을 만든 것이죠. 만약 할머니가, 위와 같이 '대부분의 진실을 담은 확인형 질문'으로 프레임을 만들어서 북한군인들의 생각을 틀 안에 가두지 못 하고 총과 위협 앞에서 우물쭈물했거나 '난 모르겠다'라고 했으면 군인들은 어떻게 생각하고 어떤 행동을 했을까요? 어쩌면, 정말 끔찍한 일이 생겼을 수도 있지 않을까요?

■

세상에서 가장 쉬운 결혼 방법

□

열아홉 살 그녀가 결혼을 생각하게 만든 질문

제 친구 A는 고등학교 3학년 때 입만 열면 당시 사귀던 여자친구랑 결혼하겠다고 했습니다. A는 여자친구 B만 만나면 시도 때도 없이 "나랑 결혼하자, 응?"이라는 이야기를 입에 달고 살았던 것 같습니다. 이 경우, "나랑 결혼할래?"라는 A의 말도 안 되는 질문에 대해 열아홉 살의 B가 줄 수 있는 답은 딱 두 가지입니다. '응, 나도 좋아 당장 하자'거나 '어휴, 제발 냉수 마시고 정신 좀 차려!'겠지요.
그런데 대학교 입학하기 한 달 전쯤, B가 A에게 이렇게 말했다고 합니다. "왠지 요즘 너랑 결혼해야 할 것 같다는 생각이 들어."
B는 왜 그렇게 생각했을까요? A가 하도 오래 같은 이야기를 해서일까요? 그 이유는 하나입니다. A가 그즈음에 '질문'을 바꾸기 시작했기 때문입니다. '나랑 결혼할래?'가 아니라

'(나랑 결혼하면) 아파트에 살고 싶어, 주택에 살고 싶어?'
'(나랑 결혼하면) 아기는 한 명 낳고 싶어, 두 명 이상 낳고 싶어?'

라고 말이죠. A가 했던 나중의 질문들은 '(A와의)결혼'을 전제하고 있습니다. 첫 번째의 질문과 달리 'A와 결혼하지 않는' 경우의 수는 아예 존재하지 않죠. 진짜 목적(결혼)을 전제한 질문을 던짐으로써 프레임을 만들고, 어느 방향으로 가든

자신을 원하는 답을 얻어내는 것입니다.

■

그 질문에 속지 말자

□

"제 생각에, 고객님을 위한 가장 좋은 선택은… "

이 방법은 전화든 대면이든 능수능란한 영업사원들이 종종 쓰는 방법입니다. 'A 상품은 내구성이 좋은 대신 디자인이 조금 투박합니다. B는 디자인이 멋지지만 대신 가격이 조금 비싸요. 예산은 어느 정도 생각하세요? 어떤 스타일을 좋아하세요? 꼭 비싼 것보단 고객님의 라이프스타일에 딱 맞는 게 가장 좋은 거죠. 그럼요~ 제가 고객님이라면 A를 고를 거 같아요.'

그럼, 이 중에서 어떤 거로 하시겠어요?

언뜻 들으면 '나를 위한 최선의 선택지'를 함께 고민하고 추천하고 골라주는 듯합니다. 하지만 저 말을 잘 뜯어보면, 그들의 프레임을 볼 수 있습니다. 애초에 그들은 '아무것도 사지 않는다'라는 선택지를 지워버리기 위해 '어떤 경우든 꼭 사야 할 것 같은' 프레임을 만들려고 합니다. 그들은 '살 겁니까, 말 겁니까?'라고는 절대 물어보지 않습니다. 대신 'A를 살 겁니까, B를 살 겁니까?'라고 물어보는 것이죠. 왜 이렇게 물어보는 것일까요? 영업사원은 무엇이든 팔기만 하면 됩니다. 그들이 제일 꺼리는 상황은 '마진이 낮은 걸 판매하는' 상황이 아니라 '아무것도 팔지 못하는' 상황이기 때문입니다. 사용하는 의도와 목적, 상황에 따라 이런 방법은 사기일 수도 유효한 설득방법일 수도 있습니다. 이런 '질문을 통한 프레임 만들기'에 대해 잘 알고 있다면 얕은 방법에 속아 넘어가지 않을 수 있으며, 누군가를 설득해야 할 일이 있을 때 잘 활용해 볼 수 있다는 것이죠.

(내가 좋아하는 것 중에) 무엇을 안 먹고 덜 먹어야 할까?

(다이어트에 좋다고 하는) 닭가슴살 중에 가장 맛있는 것,
나도 매일 즐겨먹을 수 있는 것은 어떤 것일까?

"인내Endurance"의 Frame이 만들어집니다.

"즐거움Enjoy"의 Frame이 만들어집니다.

The Frame !

PROBLEM

가장 앞에 있기에, 이후 모든 것의 방향을 결정하는 '문제'
'문제'는 그것을 해결하기 위해 '질문'으로 탈바꿈합니다.

우리는 결국 '프레임'안에서 생각하고 행동하는 존재
'질문'은 입에서 발화되고 머릿속에 떠오르는 순간 '프레임'을 만들어 냅니다.

FRAME

단언컨대 세상에서 일에서 삶에서 가장 중요한 것 QUESTION
광고기획이든 인생기획이든 잘 하기 위해 우리가 찾아야 할 것 GOOD QUESTION

Change The Question

답을 찾고 있는데 아무리 찾아도 잘 찾아지지 않고
찾았는데도 답이 맞는지 불안하고 또 의심스럽다면
당신이, 당신의 팀이 갖고 있는 그 질문을 바꿔 보시기 바랍니다

질문을 의심하고 질문을 바꾸는 것

■

우리가 시험지를 받으면 가장 먼저 하는 일

□

초등학교 때부터 입사시험까지 그리고 그 이후로도 가끔씩 시험지는 우리에게 묻습니다. 답이 무엇인 것 같냐고 말이죠. 시험지는 우리를 재촉합니다. 이제 10분 밖에 남지 않았다고. 한정된 시간 내에 시험지에 쓰든, OMR카드에 마킹을 하든 어서 답을 써서 제출해야만 합니다. 오로지 우리의 관심은 하나, "답을 찾는 것"입니다. 우리는 여태 그렇게 살아왔고 또 그렇게 살고 있습니다.

'이 문제가, 이 질문이 잘못된 거 아냐?'

■

우리가 시험지를 받고도 절대 하지 않는 일

□

우리는 시험지를 그리고 시험문제를 의심해 본 적이 없습니다. 문제를 풀 시간도 부족한데 문제를 의심하다니요. 그런데 사실, 그것보다 더 중요한 원인은 '시험지 속 문제(질문)가 잘못되었을 수도 있다. 그러니 항상 문제부터 뜯어보고 필요하다면 의심하라'는 교육과 권유를 받은 적이 없기 때문이라고 생각합니다. 시험은 학교와 선생님과 동급의 절대적 상수라고 여겨져 왔습니다. 이런 상황에서 누군가 내가 제시한 '문제나 질문'에 대해서 의심할 여지도, 그리고 의지도 없었을 것이라고 생각합니다. 그런데 또, 수능이 끝나면 우리는 심심찮게 이런 뉴스를 보게 됩니다. '어느 영역의 몇 번은 문제가 잘못 되어서 모든 수험생들이 맞는 걸로 하겠다, 혹은 답이 하나가 아니라 둘이다.' 이 때의 망연자실함과 정신적 혼란은 '이 시험지의 문제는 절대적으로 옳은 것, 내가 할 일은 이 문제에 맞는 올바른 답을 찾아내는 것'이라는 우리의 상식이 벗어나는 것에서 일어나는 게 아닐까요.

■

이제라도 우리가 우리를 위해 시작할 일

□

이미 지나간 수능은 그렇다 치고, 우리가 지금 들고 있는 많은 시험지(질문)는 좀 다르게 봐야 하지 않을까요? 어쩌면 수능보다 훨씬 중요한 시험지가 당신의 책상에, 가방에 그리고 머릿속에 무수히 많이 있기 때문입니다. 어쩌면 우리는 죽을 때까지 시험을 치러야 하는 지도 모르겠습니다. 이왕 치러야 한다면 '할 수 있는 한 가장 잘 치르는 게' 좋지 않을까요? 이를 위해 가장 먼저 시작해야 할 일은 이것입니다.

Doubt The Question

수능문제만 틀릴 수 있는 게 아닙니다.
당신이, 당신의 팀이 '절대적'이라고 생각하는 그 질문 또한 틀릴 수 있습니다.
잘못된 질문은—잘못된 수능문제처럼—아무리 고민해도 답을 찾을 수 없습니다.
답을 찾을 시간과 에너지의 일부만이라도 써서
지금 당장 그 질문을 의심해 보세요.

의심이 확신이 된다면 이제 당신이 질문을 바꿔야 할 차례입니다.

Change The Question

몇 가지의 예시 질문 !!!

그러면 이제부터

BQ

우리가 매일 보고 듣고 심지어 말하고 있는 BAD QUESTION 의 문제가 무엇인지 알아보고
그 질문들을 하나씩 GOOD QUESTION으로 바꾸어 보도록 하겠습니다

I think it is Bad Question Because of ...

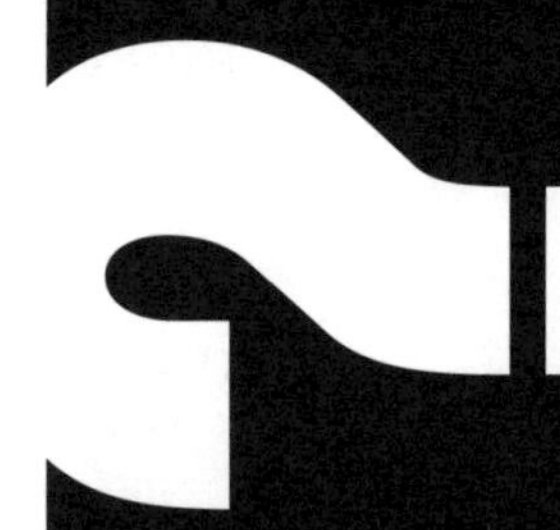

여러분은 '이 질문들과 이후의 몇몇 질문들에 대해 감히 Bad Question라고 이야기하는 이 책'에 대해서도 과연 그럴까?라는 질문을 해보시기 바랍니다.

① 호랑이랑 사자랑 싸우면 누가 이길까요?
② 결혼하는 게 좋을까요, 안 하는 게 좋을까요?
③ (실력을 키우려면) 어떤 책을 읽는 게 좋을까요?
④ (당신의 성격을 맞춰보리라) 혈액형이 뭐예요?
⑤ (걔 좀 마음에 안 드는데) 걔, 고향이 어디래?
⑥ 살을 빼려면 어떤 음식을 먹고 어떤 운동을 해야 할까요?
⑦ 혼수는, 예물은, 아파트는 어느 정도해야 할까요?
⑧ 빅 모델을 쓰는 게 나을까요, 안 쓰는 게 나을까요?

❶ = 그러면, 물으시는 분은 '제임스랑 철수랑 싸우면 누가 이길지' 아세요? 판단의 정보는 주지 않으면서 머릿속의 막연한 개념만 갖고 문제를 풀라고 하는 얼토당토않은 질문입니다.
❷ = 행복한 부부와 아닌 부부, 누구한테 물어보느냐에 따라 전혀 답이 다를 텐데 뭘 얻을 수 있을까요? 심지어 다음 날이 되면 행복했던 부부가 불행하기도 할 거고 아니었던 부부가 행복할 텐데요. 또, 어제 아내랑 싸운 날은 하지 말라고 할 거고, 반대라면 하라고 할 거 같은데요?
❸ = 혹시, 어떤 분야든 딱 몇 권의 '무림비급'같은 책만 읽고 실력이 향상된 사람을 본 적이 있나요? 하나의 책에는 오직 한 명의 생각이 있으니, 어떤 책이 아니라 '얼마나 많은 책'을 읽어야 실력이 늘지 고민하는 게 나을 듯 합니다.
❹ = 설마 제가 아프면 피를 나눠주려고 하는 건 아닐 테고. 사람이 얼마나 복잡다단한 존재인데 고작 네 가지로 나눠진 혈액형으로, 전세계에서 아무도 안 믿고 이젠 원조인 일본에서도 안 믿는 걸로 어쩌면 당신의 인생에 중요한 영향을 미칠 저를 시원하게 판단하고 선입견의 안경을 쓰시겠다고요?
❺ = 당신과 고향이 같다면 당장 그 사람이 마음에 들 거 같으세요? 당신이 바라는 건 당신이 썩 좋지 않은 선입견을 가진 지역에서 온 사람이길 바라는 것일 테지요.
❻ = 잘 아시잖아요. 다이어트는 딱 두 가지. "적게 먹고 많이 움직인다." 살이 단기간에 빠지는 기가 막힌 음식, 운동이 있었다면 그 방법을 갖고 있는 그 회사는, 그 헬스클럽은 이미 애플이나 구글같이 큰 회사가 되어 있지 않을까요?
❼ = 남에게 보여주기 위한 결혼인가요, 아니면 내가 행복하기 위한 결혼인가요? 둘 다를 만족시킬 수 있는 이것도 좋고 저것도 좋은 건 세상 어디에도 없습니다. 재테크는 은행, 부동산, 증권회사에서 하는 거지, 결혼식장에서 하는 건 아닐 겁니다.
❽ = 이왕이면 다홍치마라고 했죠, 공짜라면야 무조건 쓰는 게 낫죠. 근데, 공짜가 아니잖아요. 빅 모델을 쓰는 만큼 광고제작비, 광고매체비가 줄어들 텐데 도대체 뭘 기준으로 판단하라는 건가요?

우스운 질문? 무서운 질문!

몇 가지 예시로 보여드린 '남들의 잘못된 질문'의 문제점을 보시면, 우습다고 생각하실 수도 있습니다. 다시 한 번 말씀드리지만, '질문'은 당신이 가장 중요한 '문제'를 무엇이라고 규정하고 있는지를 잘 보여주고 있습니다. 질문은 사고와 행동의 기준인 프레임을 만들며 당신은 그 속에서 살 수 밖에 없습니다. 당신이 일과 일상에서 중요하게 혹은 습관처럼 갖고 있는 그 질문을 한 번 천천히 뜯어보시기 바랍니다. 그 질문이 혹시, Good Question인가요? 아니면 Bad Question인가요? 당신의 삶은 결국 당신의 질문이 결정합니다. Bad Question은 결코 우스운 질문이 아니라 삶을 결정하는 무서운 질문입니다.

GOT BAD QUESTION

나쁜질문을갖고있다는것은

어쩌면 운전면허시험장에서 수리영역 시험지를 풀고 있는지도, 토익시험장에서 중국어능력시험을 보는 중인지도, 현대자동차 공채시험장에서 삼성SSAT를 풀고 있는 중인지도 모릅니다. 나쁜 질문을 갖고 있다는 것은, 그걸 열심히 풀고 있다는 것은, 우리도 모르게 이런 황당하고 안타까운 상황에 처해있다는 것입니다.

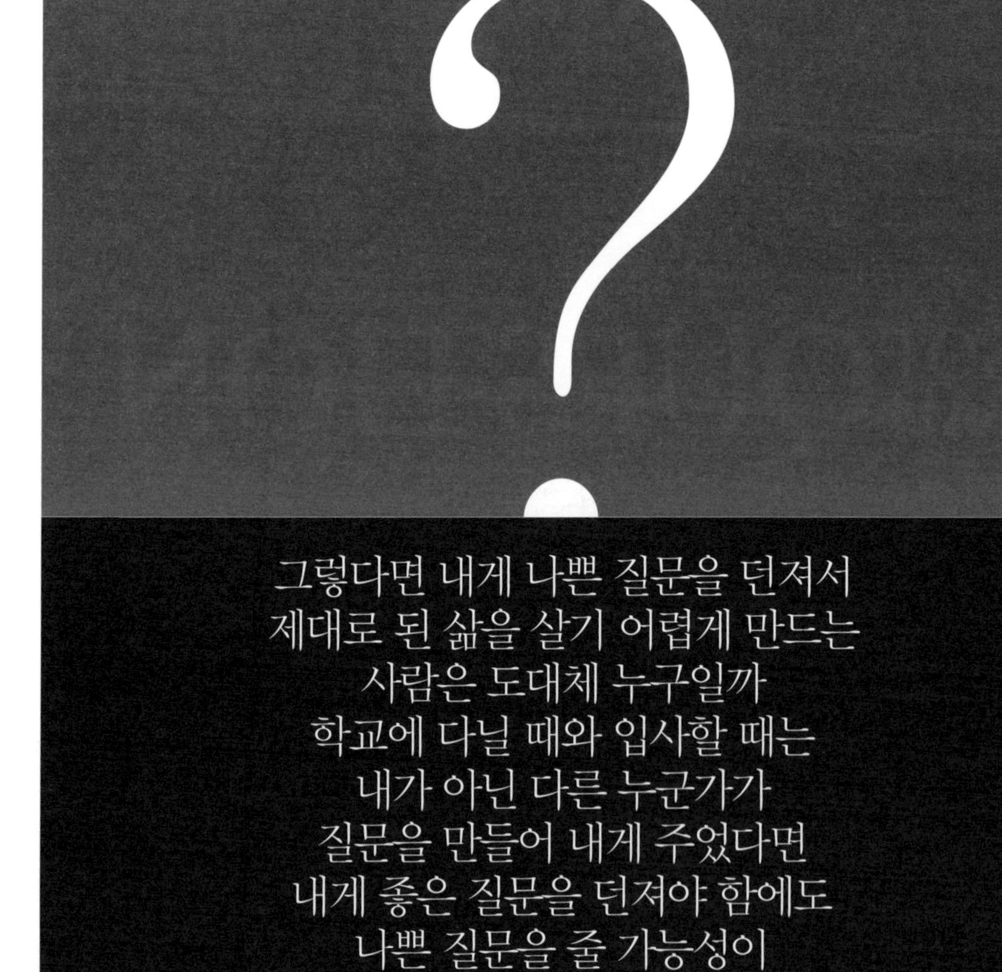
그렇다면 내게 나쁜 질문을 던져서
제대로 된 삶을 살기 어렵게 만드는
사람은 도대체 누구일까
학교에 다닐 때와 입사할 때는
내가 아닌 다른 누군가가
질문을 만들어 내게 주었다면
내게 좋은 질문을 던져야 함에도
나쁜 질문을 줄 가능성이
가장 큰 사람은 누구일까

가장 위험한 질문자 그건 당신

다른 사람의 질문은 저게 맞는 질문인지 의심하기도 하지만, 정작 본인이 스스로에게 한 질문은 절대 의심하지 않는 것이 바로 우리니까 말이죠. 우리는 어쩌면 습관적으로 세상에 이미 존재하던 나쁜 질문을 스스로에게 할 수밖에 없는 존재인지도 모릅니다. 나쁜 질문을 갖고도 좋은 광고를 만들고, 좋은 인생을 살 수 있다면 다행이겠지만, 그리 쉬운 일 같지는 않은 것 같습니다. 이제부터 제가 알게 된 질문을 바꾸는 기술, 좋은 질문을 하는 방법 아홉 가지를 소개합니다.

좋은 답을 찾으려는 질문이 아니라 관성적으로 하는 질문들

이 질문들이 Bad Question인 이유는,
질문의 중요성을 인식하지 못하고 진짜 답을 찾을 수 없는
습관적인 질문만 하고 있기 때문입니다.

호랑이랑 사자랑 싸우면 누가 이길까요?
결혼하는 게 좋을까요, 안 하는 게 좋을까요?
(실력을 키우려면) 어떤 책을 읽는 게 좋을까요?
(당신의 성격을 맞춰보리라) 혈액형이 뭐예요?
(재 좀 마음에 안 드는데) 걔, 고향이 어디래?
살을 빼려면 어떤 음식을 먹고 어떤 운동을 해야 할까요?
혼수는, 예물은, 아파트는 어느 정도해야 할까요?
빅 모델을 쓰는 게 나을까요, 안 쓰는 게 나을까요?

Bad Question to Good Question

'관성적으로 하는'에서 '좋은 답을 찾으려는' 질문으로

B. 호랑이랑 사자랑 싸우면 누가 이길까요?

G. 어떤 조건(군집/단독생활, 기후조건 등)에서라면
호랑이가(사자가) 사자를(호랑이를) 이길 수 있을까요?

B. 결혼하는 게 좋을까요, 안 하는 게 좋을까요?

G. 결혼해서 행복하게 살려면 어떤 사람과 하는 게 좋고, 어떻게 살아야 할까요?

B. (실력을 키우려면) 어떤 책을 읽는 게 좋을까요?

G. 기초를 탄탄히 하려면 책을 얼마나, 많이 읽어야 할까요?

B. (당신의 성격을 맞춰보리라) 혈액형이 뭐예요?

G. 제일 친한 친구나 부모님은 어떤 성격이라고 말씀하세요?
요즘 화제가 되는 A에 대해 어떻게 생각하세요?

B. (쟤 좀 마음에 안 드는데) 걔, 고향이 어디래?

G. 쟤랑 잘 지내고 싶은데 뭘 어떻게 하면 좋을까?
쟤랑 말도 안 섞고 안 부딪히고 싶은데 내가 뭘 어떻게 하면 좋을까?

B. 살을 빼려면 어떤 음식을 먹고 어떤 운동을 해야 할까요?

G. 얼마나 적은 양의 음식을 먹고 얼마나 많은 양의 운동을,
어느 기간 정도 하면, 살이 얼마나 빠질까요?

B. 혼수는, 예물은, 아파트는 어느 정도해야 할까요?

G. 결혼식까지 며칠 안 남았는데 제일 중요한 그/그녀에게 꼭 해줘야 할 것은 무엇이고,
절대 하지 말아야 할 것은 무엇일까요?

B. 빅 모델을 쓰는 게 나을까요, 안 쓰는 게 나을까요?

G. 우리 회사가 빅 모델을 쓴다면 어떻게 쓰는 게 가장 효과적인 방법일까요?

CHAPTER 2

BQ

월급이 10만 원 올랐는데 적금이 나을까, 펀드가 나을까?
요즘 핫한 예식장은 어디일까?
중국집을 하나 하려는데 어디서 해야 장사가 잘 될까?
광고주 서 상무가 키맨인 것 같던데 뭘 좋아할까?

본질에
관한
질문을
던져야
합니다

-

THE ESSENCE

관성의 법칙이 통하지 않아서

자동차, 버스 심지어 비행기에도 있는 '안전벨트'. 그런데 유독 기차에만 안전벨트가 없습니다. 그러고 보니 세상의 모든 기차에는 안전벨트가 없었네요. 왜 그럴까요? 안전벨트는 탈 것이 정면으로 충돌할 경우, 관성의 법칙으로 인해 몸이 앞으로 튀어나가서 생길 수 있는 더 큰 2차 피해를 막기 위해 만들어진 안전장치입니다. 그런데, 기차는 지구상에 움직이는 모든 것—동물과 탈 것을 포함한 모든 것—중에 가장 강력한 힘을 갖고 있기 때문에 무엇과 부딪히든 멈추는 것이 아니라 뚫고 나가버린다고 합니다. 상대가 트럭이든 코끼리든 말이지요. 즉, 관성의 법칙이 통하지 않아서 정면충돌을 하게 되더라도 승객의 몸이 앞으로 튀어나가서 다칠 가능성이 없다는 것이지요. 그런 이유로 기차에는 안전벨트를 설치하지 않는다고 합니다. 본질(기차에서는 물리적인 힘)이 절대적으로 압도적으로 강한 사람은 다른 이들이 하고 있고, 해야 하는 준비(안전벨트)를 하지 않아도 되는 것. 이것이 첫 번째 Good Question의 핵심입니다.

여기, 고양잇과 동물이 한 마리 있습니다. 다른 동물들은 보호색, 무리 짓기, 숨기, 죽은 척하기 등의 기술로 늘 긴장하고 살면서 생존을 도모하지만 이 동물은 좀 다릅니다. 먹고 싶을 때 먹고 자고 싶을 때 자고 뛰고 싶을 때 뜁니다. 아무도 건드리지 않습니다. 아무도 건드리지 못합니다.

여기, 별명이 '정우성 짬뽕집'인 중국집도 있습니다. 다른 중국집들이 열심히 배달하고 쿠폰을 나눠주고 주차장을 만들 때 전단지를 집 앞에 허락 없이 붙일 때 이 가게 홍보하려고 TV프로그램에 출연하고 주방에 카메라를 기꺼이 들일 때 이 중국집은 배달도, 쿠폰도, 전단지도, 주차장도 TV 출연도 전혀 없었습니다. 무조건 1시간 반은 기다려야 합니다. 배우 정우성 씨가 대구에 오면 꼭 들렀다고 합니다. 여름 한 달은 더워서 쉽니다. 한 번이라도 맛을 본 사람은 70세는 훨씬 넘긴 듯한 사장님이 제발 오래오래 무병장수하시기를 바라게 됩니다.

여기, 회비를 내야 물건을 살 수 있는 이상한 마트도 있습니다. 다른 대형마트는 열심히 광고, 판촉행사를 하고 다양한 제품을 새롭게 선보입니다. 동네 마트는 이에 질세라 배달, 동네 주민관리를 하고 온라인몰은 파격적인 할인을 하고 쿠폰을 나눠 주고 문자 메시지로 계속 말을 겁니다. 그런데 이 대형마트는 할인도 광고도 판촉행사도 없습니다. 제품의 가짓수도 적고 카드는 한가지밖에 못씁니다. 심지어 1년 연회비 삼만 오천 원을 내야 쇼핑을 할 수 있습니다. 하지만 주말에도 평일에도 손님이 끊이지 않습니다.

보는 사람에 따라 '제 마음대로 거나 조금 불친절한 것처럼' 보이는 이 셋의 공통점은 무엇일까요?
바로 "창"을 하나 갖고 있다는 것입니다.

압도적 본질

세상의 어떤 방패도
그냥 뚫어버리는 가장 강력한 창, 그 창의 이름은
OVERWHELMING ESSENCE

본질의 왕

본인이 속한
영역에서의 '본질'이
압도적으로 강력한 자
하고 싶은 걸 소신껏 하면서도
조용히 정상을 지배하는 자
저는 그들을 본질의 왕이라
부릅니다.

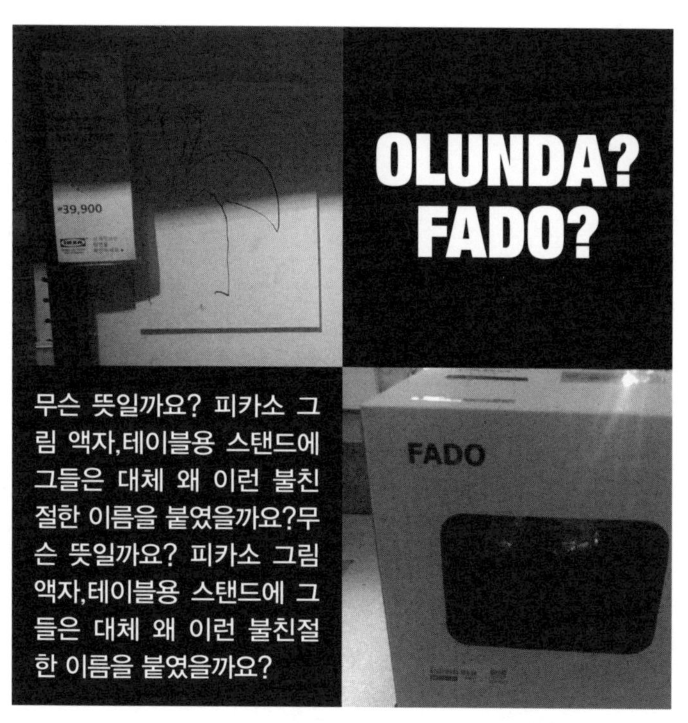

"굳이 영어로 안 써도 잘 팔리니까" 즉, 제품명이 아니라 제품의 품질과 가격이 '본질'이기 때문이 아닐까요?

당연히
본질이
가장
중요합니다
본질이니까요

누구나
아는 이야기입니다
누구나
끄덕일 겁니다
말로는 쉬운 이야기
그러나 실제로는 어떨까요
???

식당이

맛도 있고 서비스, 주차, 배달, 쿠폰, 세트메뉴도 있으면 더 좋지 않아

?

광고회사가

광고도 잘 하고, 자기 PR, 영업, 접대, TVCF 관리 다 잘하는 게 베스트 아냐

?

이게 가능한 걸까요

두루두루 다 잘하는 '본질의 왕'이 세상에 존재할 수 있을까요?
과연, 그것이 가능할지를 우리가 밥 먹듯이 쓰는 '이 단어',
거의 매일 쓰고 있는 '이 단어'의 정의를 통해서 알아보도록 하겠습니다.

STRATEGY
전략

목표를 달성하기 위해 가용한 자원을 배분하는 최선의 방법 혹은 대안

제 업에서 가장 중요한 부분을 차지하는 것이 '광고전략/브랜드전략'을 고민하고 만들어내는 것이다 보니 지난 18년간 '전략이란 무엇일까'라는 고민을 의식적으로 또 무의식적으로 하게 되었습니다. 이때 깨달은 것은 '진짜 전략의 요체는, 위에 나와 있는 전략의 정의 행간에 숨어있다'는 것이었습니다. 그 요체는 바로 '포기'입니다. 예를 들어 주머니에 딱 2만 원 밖에 없는 남자가 '여자친구가 만족하는 데이트'라는 목표를 달성하기 위해 선택할 수 있는 방법(즉, 전략의 대안)은 수십 가지일 겁니다. 오리배도 타고 영화도 보고 꽃도 사주고 호떡도 사 먹을 수 있으면 좋겠지만 그건 절대 불가능합니다. 그 이유는 바로 보유한 자원이 '2만 원과 하루'로 한정되어있기 때문입니다. 이 남자가 많은 고민 끝에 '오늘은 그녀가 제일 보고 싶었던 영화를 보기'로 결정했다면 그 선택의 이면에는 '나머지 다른 대안들이 너무 아깝지만 이 영화가 가장 잘 목적을 달성할 수 있는 방법이므로 모든 다른 대안을 포기한다'라는 진지하고 엄중한 선택과 집중의 사고와 의사결정이 있어야 합니다. 혹시 앞으로 여러분이—여러분을 포함해서 누군가가 쓴—'전략'을 보실 때 제대로 된 전략인지 아니면 무늬만 전략이고 '모든 희망사항을 다 적어둔 것'인지를 판별하고 싶으시다면 가장 쉬운 방법은 '무엇을 포기했나'를 보시면 됩니다. 포기가 있다는 것은 선택과 집중이 있다는 것입니다. 선택과 집중을 해도 목적을 달성할 수 있을지 없을지는 해 봐야 압니다. 한정된 자원은 세상 누구든 언제 어디서든 항상 적용됩니다.

누구나 피할 수 없는 자원의 한계 그래서 반드시 필요한 선택과 집중

맛도 있고 서비스, 주차, 배달, 쿠폰, 세트메뉴도 있는 식당은 결국 맛이 썩 나쁘지 않은, 잘해봐야 좋은 식당일 수밖에 없습니다. 자원은 늘 한정적이니까요. '본질이 IDEA'인 광고회사 또한 마찬가지입니다. 본질에 집중하지 않으면 결국 '그럭저럭한 광고회사'가 되고, 늘 힘들고 안타까운 상황에 처하게 됩니다. 결혼의 본질, '사랑'입니다. 그런데 막상 결혼하기로 하면 사랑하는 부모님 등 가족의 요구, 누구만큼은 하고 싶다는 나의 욕심 등 '수많은 본질이 아닌 것'이 고개를 쳐들고 점점 커져갑니다. 본질은 점점 작아져 있습니다. "배우자가 좋아하고 배우자와 단 하루의 결혼식이 끝나고 몇십 년을 더 잘 사랑하면서 살 수 있는"이라는 본질적 기준에 집중해야 하는데 그게 어려워집니다. 우리의 현실에서 본질이 아닌 나머지의 비중을 더 줄이고 본질에 더 집중한다는 것은 결코 쉽지 않은 결정입니다. 아무나 할 수 없는 일입니다. 그래서 '본질의 왕'은 늘 누구보다 강합니다.

본질
세상에서 가장 강한 가장 귀한

■

세상에서 가장 알기 쉬운

□

호랑이가 사는 정글의 본질은 뭘까요? 네, '힘'이죠. 식당의 본질은 뭘까요? 네, '맛'입니다. 유통업의 본질은 뭘까요? 네, '상품'입니다 (품질과 가성비가 뛰어난 '상품') 본질은 어려운 것이 아닙니다. 하지만 누구나 아는 이렇게 쉬운 것을 실제로 내재화하고 행동하는 것은 어떨까요? 쉬울까요, 어려울까요?

■

광고를 하며 알게 된 귀중한 것

□

제겐 광고를 가르쳐 주신 스승님 한 분이 계십니다.—아직 현역에 계신 분이라 성함을 밝히면 누가 될 수도 있을 듯하여 스승님이라고만 하겠습니다.—4년 3개월간 그분을 따라다니며 운전을 하고, 술을 마시고, 경쟁 PT 준비를 돕고, PT 하시는 모습을 넋을 잃고 보고, 광고주가 놀라는 모습을 보면서 하나씩 배웠습니다. 정말 놀라운 시간이었고, 그 시간이 오늘의 저를 만들었다고 생각합니다. 누군가 제게 그런 훌륭한 분과 함께 했던 4년여의 기간 중 '배운 것이 무엇이냐'고 물어본다면 저는 단 1초도 망설이지 않고 단 하나, '본질'이라고 말할 것입니다. 이 본질의 가치를 알게 되고 본질의 힘을 배운 후에는 제가 하는 모든 일에 그리고 모든 프로세스에 항상 적용시켜서 일하려고 하고 있습니다. 광고주에게 오리엔테이션을 받고 나면 그 브랜드와 소비자 사이의 본질이 무엇인지 찾으려 노력하고, 그 업종의 본질이 무엇인지 고민해 보고, 제가 하는 일의 본질이 무엇인지, AE의 본질이 무엇인지 늘 잊지 않으려고 합니다. 마찬가지로 경쟁 PT를 준비할 때도 경쟁 PT의 본질이 무엇인지 놓치지 않으려고 노력합니다. 광고주와의 관계 설정, 제 팀이나 본부의 운영에서도 본질을 찾고 지키려고 해 왔습니다. 뿐만 아니라 저의 개인적인 많은 일들—연애와 결혼, 친구들이나 선후배와의 관계, 여행과 이사, 자녀양육과 부모님과의 관계 등—에서도 항상 본질을 찾고 추구했습니다. 직업적인 성취든 개인적인 삶의 만족도든 제가 오늘 현재 제가 갖고 있는 '좋거나 괜찮아 보이는 모든 것'을 만든 90%는 바로 '본질의 추구'에서 비롯되었다고 생각합니다. 그래서 저는 이 본질을 제가 가진 가장 귀중한 것, 제가 알고 있는 것 중 '세상에서 가장 힘이 센 것'이라고 여깁니다.

가장 쉽고 가장 힘든 제왕의 길

■

알기는 가장 쉬운 행하기는 가장 어려운

□

호랑이가 마음대로 정글을 누비는 이유는 단 하나입니다. 정글의 본질은 무늬의 화려함도, 암수의 다정함도 아닌 '힘'이고 호랑이는 정글에 있는 피조물 중 그 본질이 가장 강한 존재이기 때문입니다. 힘이 센 늑대 한 마리가 있다고 해 봅시다. 이빨과 발톱을 날카롭게 갈고 무리를 모아서 덤빈다고 한들 호랑이를 물리치고 정글의 패자가 될 수 있을까요? 아마 쉽지 않을 것 같습니다. 호랑이는 정글에서 '본질의 왕'이기 때문이죠.

■

진흥반점은 코스트코는 어떻게 왕이 되었을까

□

식당의 본질은 무엇일까요? 네, 바로 '맛'이겠지요. 앞서 말씀드린 '진흥반점'이라는 중국집은 짬뽕 맛이 어마어마한 곳입니다. 그 동네 소문에 의하면 짬뽕을 팔아서 인근 빌딩 몇 채를 사셨다고 하더라고요. 어라? 나는 TV 맛집에서 못 봤는데? 하시는 분도 있으실 겁니다. 그런데, 한 번 생각해 보세요. OO천왕이든 뭐든 식당을 소개하는 프로그램들을. 식당 사장님의 협조가 없이 촬영이나 프로그램 제작은 불가능하겠죠? 그런데, 정말 손님이 너무 많아서 바쁘고 정신없는 사장님들이 왜 촬영이나 프로그램제작에 협조할까요? 시청자들의 알 권리를 위해서? 방송국에 아는 사람이 있으니 부탁 때문에? 설마요~ 식당사장님들이 적극적으로 협조하는 이유는 단 한 가지입니다. 오직 '더 많은 손님이 필요하기 때문'이죠. 방송에 나가면 더 많이 찾을 테니까요. 진흥반점이 단 한 번도 방송에 나오지 않은 건 거꾸로 이야기하면 '더 많은 손님이 필요하지 않기 때문'입니다. 그러니 절대 방송국의 촬영요청에 응하지 않겠지요.

지금은 코스트코의 열렬한 팬인 저도 코스트코를 처음 접했을 때 살짝 기분이 나빴습니다. 물건을 '사 주겠다'는데 회비를 내라고 하질 않나, 신용카드는 정해진 것 외엔 사용이 안 된다고 하고, 심지어 물건의 가짓수도 훨씬 적었으니까요. 하지만 결국 다른 데선 보기 힘든 '훌륭한 품질과 최저 수준의 가격'을 탑재한 물건을 경험하고 나면 팬이 될 수밖에 없지요. 강의를 하면서 만나는 분들에게 '마케팅'을 알고 싶고 잘 하고 싶다면 저는 꼭 코스트코에 가 보라고 합니다. 온라인커머스가 온 세상을 지배하는 듯 보여도 주말이면 여전히 사람들은 코스트코에 세네 시간을 기꺼이 투자하고 몇십만 원 어치의 쇼핑은 우습게 하죠. 네, 맞습니다. 유통업의 본질은 '상품'이고 코스트코는 '본질의 왕'이기 때문입니다. 호랑이야 태어나보니 이미 호랑이였지만 진흥반점과 코스트코는 어땠을까요? 아마, 당연히 문자 그대로 '뼈를 깎는 노력'이 있었을 겁니다. 왕으로 태어나지 않았으나 왕이 된다는 일이 쉽다면 모두가 왕이 되지 않았을까요?

■

상학아, 광고회사는 광고로 말하는 거야

□

부끄러운 이야기 하나 해 드리겠습니다. 스승님과 함께 일하던 어느 날, 직전에 진행된 성공적인 광고 덕에 모 신문사가 제게 인터뷰를 요청한 적이 있었습니다. 공식적인 인터뷰라 그분께 이러이러한 건으로 인터뷰를 하게 됐다라고 보고했더니 돌아온 그분의 대답은 '상학아, 광고회사는 광고로 말하는 거야'라는 것이었습니다. 몹시 부끄러웠지요. 회사 홍보가 되는 일이라고 말씀드렸지만 제 공명심으로 하려고 했던 걸 들킨 것 같았으니까요. 저는 제가 들은 이 한 마디에 본질의 정수가 담겨 있다고 생각합니다.

광고회사의 본질은 '훌륭한 Creative가 담긴 광고'라는 의미입니다.

그런 관점에서 보자면, 광고회사의 가장 훌륭한 영업사원은 가족, 친구, 친지들이 큰 회사에 책임자로 재직하고 있어서 '광고주를 영입해 올 수 있는 직원'이 아니라, 이미 그 전에 그 회사에서 만들어서 세간에 놀라운 반응을 이끌어 낸 '훌륭한 광고'입니다. '모든 광고회사가 다 광고로, Creative로 말하지 않나'라고 생각하시나요? 그렇지만은 않은 것 같습니다. 어떤 광고회사들은 광고주 접대와 영업, (만들었는데 뜨지 않는) 광고에 대한 적극적 홍보, 광고물을 모아 둔 사이트에 대한 평점 관리, 회사 자체에 대한 홍보 등 '본질'과 무관한 것들에 적지 않은 자원을 투여하고 있으니까요. 본질을 추구하지 않는 사람은 두 가지입니다. 뭔지 모르거나, 모른 척하고 싶거나.

■

본질과 껍질을 똑같이 대하는 우리의 자세

□

카카오톡이 출시되기 전에 모 이동통신회사에서 거의 똑같은 서비스를 이미 개발해 두었다고 합니다. 이미 외국에서 비슷한 서비스가 출시된 터라 누가 만들어서 내놔도 이상하지 않은 그런 상황이었다고 하더군요. 그런데 아시다시피 그 서비스는 결국 출시가 되지 않았고, 카카오톡이 '무료 메시징 서비스'로는 국내에서 처음으로 출시되어 지금은 우리의 생활 그 자체가 되었지요. 그 똑똑한 사람들이 많은 이동통신 회사에서 만들었다면 꽤 훌륭한 서비스였을 텐데 왜 그들은 그것을 출시하지 않았을까요? 그 이유는 바로 당시 하루에만 몇십 억의 수익이 나고 있던 'SMS 서비스 수익감소에 대한 우려'때문이었다고 합니다. 즉, 공짜 메시징 서비스를 출시하는 순간 황금을 낳는 거위의 목을 스스로 조르는 꼴이 될 것이므로 출시를 하지 않은 것이죠. 결국은, 황금알을 낳는 거위를 지킨 대신에 '황금으로 된 날개'를 달 수 있는 기회를 놓친 것이긴 하지만 말입니다.

한번 생각해 봅시다. 이동통신 회사의 본질은 무엇일까요?

아마, '사람 간의 텔레커뮤니케이션을 원활하게, 더 좋게 만들어 주는 것'이 아닐까요? 그런 본질이 충족되면 자연스럽게 그 결과로서 회사의 매출과 성장이 따라오게 되는 겁니다. 그런 관점에서 이 사례를 다시 생각해보자면 '본질'(소비자에게 더 좋은 텔레커뮤니케이션 제공)보다 당장의 '매출'(SMS)에 초점을 뒀기 때문에 이런 일이 생긴 것이 아닐까 합니다. 이런 이야기를 들으면 '결과적으로 그 이동통신 회사의 결정권자들이 잘못했네~'라는 생각이 쉽게 들 것입니다. 누구라도 말이지요. 그런데, 입장을 한번 바꿔 봅시다. 당장 한 달에 수백, 수천억이 들어오는 확실한 비즈니스 모델을 '앞으로 어떤 쓰임새가 있을지 아무도 모르는 신규 서비스'가 망칠 수도 있게 할 의사결정을 하기가 과연 쉬울까요?

■

10억으로 중국집 만들기

□

10억으로 중국집을 만들 때, 당신은 어떤 항목에 얼마 정도의 비용을 투자할까요? 아마 대부분의 사람들은 절반 정도의 비용을 '좋은 장소'를 얻는데 사용할 겁니다. 다들 그렇게 하니까, 그게 눈앞의 현실이니까요. 배달 오토바이도 사고, 쿠폰도 찍고, 주차장도 만들고…. 참 전단지 광고도 해야겠군요. 그게 모두가 하는 일반적인 방법이니까요. 하지만, 정말 본질의 추구에 충실한 '본질의 왕'이 되는 방법은 좀 다를 것 같습니다. '진흥반점의 사장님 혹은 그 정도의 어마어마한 실력을 가진 분에게 9억 9천9백만 원을 연봉으로 드리고 100만 원으로 텐트 하나를 사서 어디든 이동하면서 음식을 만들어 파는 것일 겁니다. 엄청난 용기가 필요하겠지요. 하지만 이 조건대로라면 대박이지 않을까요?

■

선택과 집중 그리고 또 선택과 집중

□

본질은 알기가 참 쉽습니다. 하지만 진짜 제대로 '본질을 추구하기'란 정말 어렵습니다. 수익, 관성, 기존의 시스템, 리스크, 걱정 등 본질은 하나이나 본질의 추구를 막는 요인들은 너무나 많기 때문이죠. 그럼에도 불구하고, 그러니까 더더욱 우리는 본질을 추구하기 위해 노력하고 집중하고 고민해야 합니다. 그래야 하는 이유는 명확합니다. 세상의 모든 '누구나 원하는 일'은 늘 경쟁이 치열하고 우리에겐 자원이 한정되어 있습니다. 이것도 좋고 저것도 좋은 일은 세상 어디에도 없습니다. 늘 우리는 우리의 손에 오직 하나의 과일만을 쥘 수 있습니다. 그래서 선택과 집중은 우리의 숙명입니다. 그렇다면 '무엇을 선택하고 어디에 집중하느냐'가 우리의 성패를 가르지 않을까요?

당연히 우리가 선택하고 더 집중해야 하는 것은 오직 하나, 바로 '본질'입니다.

우리 곁의 익숙해진 껍질

■

따뜻한 댓글과 아름다운 점수를 부탁드립니다

□

제작을 마친 광고 한 편이 온 에어 되고, 그 광고를 만든 팀의 막내는 전 회사에 메일을 보냅니다. '이번에 광고 한 편을 온 에어 했습니다. 그런데 광고주가 tvcf.co.kr의 평가를 몹시 신경 쓰고 매일 점검하고 있습니다. 그런데 경쟁사 사람들이 올린 것으로 추정되는 악성 댓글과 낮은 평점 때문에 저희 회사가 곤란한 상황입니다. 다들 바쁘시겠지만 3분만 짬을 내셔서 아래 링크를 타고 tvcf.co.kr 사이트에 들어가셔서 우리 회사를 위해 따뜻한 댓글과 아름다운 평점 부탁드립니다. 감사합니다.' 이 메일을 보낸 친구가 잘못했다는 뜻은 절대 아닙니다. 해야 할 일을 한 것일 뿐이죠. 저는 이 메일을 보낸 다른 팀의 후배를 앞에 앉혀놓고 이야기해주고 싶었던 적이 한두 번이 아니었습니다. 'OO아, 정말 광고를 끝장

나게 잘 만들었다면 쓰지 말라고 해도 사람들이 좋은 댓글과 높은 평점을 주지 않을까? 뭐라고? 광고를 만드는 데 네가 할 수 있는 게 별로 없었다고? 네 연차에 나름대로 할 수 있는 건 다 한 거라고? OO아, 정말 그럴까? 너 혹시 아이디어 회의 때 아이디어 갖고 갔었어? 몇 개? 혹시 30개나 50개 혹은 100개를 갖고 간 적이 있어?' 광고를 잘 만들면 평가도 좋아집니다. 경쟁사가 나쁜 댓글을 달든 말든 손바닥으로 하늘을 가릴 순 없으니까요. 저는 이게 본질과 껍질의 이야기라고 생각합니다. 처음 광고주 오리엔테이션을 받은 순간부터 온 에어하기 전까지의 모든 순간에 '내가 어떻게 하면, 내가 무엇을 더 하면' 가장 좋은 광고가 나올 수 있을까? 라고 스스로에게 끊임없이 묻지 않으면 '적당히 만든 광고'를 '열심히 PR하고' '부지런히 댓글을 요청'하겠죠.
'이번 정류장은 전철과 전철역 사이가..' 스무살에 서울에 왔으니 이 소리를 들은 게 벌써 24년쯤 되네요. 처음 이 소리를 들었을 때, '나를 챙겨주는 것 같긴 한데 뭔가 이상한' 느낌을 받았습니다. 본질에 대해 매일 생각하면서 그 이상한 느낌이 무엇이었는지 드디어 알게 되었습니다. '저 방송을 하는데 1만큼의 에너지가 든다고 하자. 지금까지 수억 번 방송했고 앞으로도 수억 번 더 방송을 할 텐데 그 많은 '수억, 수십억의 에너지'를 미리 좀 당겨서 그 비용으로 전철과 전철역 사이의 간격이 그렇게 벌어지지 않게 처음부터 제대로 만들지. 왜 만들 땐 대충 만들어놓고 그걸 해결하려고 맨날 저렇게 방송을 하는 걸까?' 정말 좋은 물건은 광고가 필요 없습니다. 정말 좋은 광고는 PR, 댓글을 요청하는 메일 따위는 필요 없습니다. 이것이 본질과 껍질의 차이입니다.

노력 본질을 현혹하는 눈가리개

■

본질에 대한 집착의 필요성

□

"Recycling 운동이 지구환경오염의 가장 큰 적이라고?"

'저게 무슨 말이야?'라고 생각하셨죠? 저도 그랬습니다. 제 인생의 책 중 한 권인 〈괴짜 경제학〉에서 위의 문장을 읽었을 때의 충격이 지금도 생생합니다. 이 책에서 저렇게 말하는 이유는 다음과 같습니다. 지구환경오염의 주범은 대부분 '어떤 대기업'입니다. 즉, 환경오염의 본질이 대기업인 거죠. 우리가 만약 환경오염문제를 진정으로 해결하고자 한다면, 본질을 인식하고 소비자로서 우리의 힘을 모아 끊임없이 그 회사들에게 강력한 요구를 해야 할 겁니다. '자꾸 그렇게 오염시키면 너희 물건을 사지 않겠다'라는 식으로요. 그런데, 우리가 위와 같이 본질을 인식하여 대기업을 움직일 수 있는 행동을 하는 대신 페트병, 알루미늄 캔, 폐지를 분리수거하고 리싸이클링하는 일만 생각하고, 또 그렇게 하다 보면 '아, 뭔가 나의 행동으로 인해 지구가 더 깨끗해지겠구나'라는 생각을 하게 됩니다. 그러다 보면 '대기업에 요구를 해야겠다'는 생각도 행동도 하지 않게 되고요. 즉, 리싸이클링 운동이라는 행위를 열심히 했다는 '자기 만족감'이 우리의 눈을 가리고, 대기업에 강력한 요구를 해야겠다는 '본질에 닿는 생각'을 하지 못하게 한다는 것이지요. 리싸이클링 운동을 하지 말자라는 의미가 아니라 '본질이 무엇인지' 잊지 말아야 한다라는 내용으로 이해하고,—리싸이클링 운동도 하고 오염기업에 경고까지 하는 게 최고의 결과를 만들겠지만요.—'노력'이 우리의 눈을 가려서 본질을 보지 못하게 하는 것을 경계해야 합니다.

열심히 하는 것과 잘하는 것의 차이는 결국 본질을 잡느냐 아니냐에 달린 것입니다. 광고기획서, 프리젠테이션의 본질은 '판다(Sell)'입니다. 우리끼리 아무리 좋은 아이디어라도 광고주가 '사지 않으면' A4 크기의 휴지에 불과합니다. 그러므로 아이디어를 전달하는 기획서와 프리젠테이션의 핵심적인 목적과 역할, 즉 본질은 '아이디어를 광고주에게 팔아내는 것'입니다. 하지만 '열심히 밤을 새우고' '기획서에 넣을 수 있는 모든 것을 다 갈아 넣는 최선의 노력'을 하다 보면 이 본질을 망각하게 되는 경우가 왕왕 발생합니다. 끝까지 잡고 놓지 말아야 할 것은 '기획서와 PT가 아이디어를 팔아낼 수 있는가 없는가?' '무엇을 더하고 무엇을 빼면 팔아낼 수 있는 힘을 더 강하게 할 수 있는가?'라는 본질에 대한 집착입니다. '우리 팀, 정말 몸이 부스러져라 열심히 한 것 같아. 우린 최선을 다했어!'가 아니라 '정말 이 기획서와 이런 프리젠테이션이면 아이디어를 팔 수 있을까?'가 필요합니다. '노력'이 우리의 눈을 가리고 '본질'을 보지 못하게 하는 것을 경계해야 합니다. 본질을 봐야 할 우리 눈을 가리는 가리개가 없는지 알기 위해서 역시 질문이 필요합니다.

세상에서
가장 중요한 '질문'
세상에서
가장 강력한 '본질'
그래서 우리에게
꼭 필요한 것은
?
본질에 관한 질문

본질에 관한 질문을 계속해야 합니다

호랑이, 노루, 토끼, 여우는 태어날 때 이미 그 종으로 태어났습니다.
누군가는 불안에 떨면서 살지만 호랑이는 왕으로 군림하지요.
다행히 우리는 종이 정해져 있지 않습니다.
호랑이도 사자도 노루도 토끼도 될 수 있습니다.
어떤 종이 되느냐는 우리 스스로에게 달려있다고 생각합니다.
본질의 왕이 되는 길로 들어서십시오.
하루아침에 왕이 되기는 어렵지만
그 길을 가는 동안 성장하고 강해집니다.
본질의 왕이 되는 가장 확실한 방법, 그것은 바로
본질에 대한 질문을 스스로에게 끊임없이 던지는 것입니다.

저는 '본질'의 반대말을 '껍질'이라고 부릅니다

아래 질문들이 Bad Question인 이유는
본질이 아니라 껍질을 담은 질문이기 때문입니다

—

월급이 10만 원 올랐는데 적금이 나을까, 펀드가 나을까?

요즘 핫한 예식장은 어디일까?

중국집을 하나 하려는데 어디서 해야 장사가 잘 될까?

광고주 서 상무가 키맨인 것 같던데 뭘 좋아할까?

What is the Most Important?

본질을 찾을 수 있는 가장 쉽고 빠른 질문
이번 프로젝트에서, 내 업에서, 이 사람과의 관계에서
그리고 내 인생에서 가장 중요한 것은 무엇인가
가장 중요한 사람은 누구인가
가장 중요한 곳은 어디인가

본질의 왕

끊임없이 스스로에게
본질에 관한 질문을 하시길
본질의 왕이 되기 위한 노력을
멈추지 마시길
가고 싶은 길을 마음대로 가고
하고 싶은 것을 할 수 있는
본질의 왕이 되시길
하루아침에 왕이 되긴 어렵겠지만
그 길을 가고 있는 이와
애써 못 본 척하는 이와는
분명히 많은 것이
달라질 것입니다

본질이 아니라 껍질을 담은 질문들

이 질문들이 Bad Question인 이유는,
본질이 아니라 껍질을 담은 질문이기 때문입니다.
월급이 10만 원 올랐는데 적금이 나을까, 펀드가 나을까?
요즘 핫한 예식장은 어디일까?
중국집을 하나 하려는데 어디서 해야 장사가 잘 될까?
광고주 서 상무가 키맨인 것 같던데 뭘 좋아할까?

Bad Question to Good Question

'껍질'에서 '본질을 담은' 질문으로

B. 월급이 10만원 올랐는데 적금이 나을까, 펀드가 나을까?

G. 한 달에 어느 정도 안 먹고 아끼고 모아야 차를, 집을 살 수 있을까?

성공적인 재테크를 묻는 질문. 수억 원이 아닌 이상 재테크의 본질은 이자가 아니라 원금입니다. 120만 원의 원금은 어디에 넣어 두든 1년 후에 이자 차이가 10만 원도 안 날 테니까요. 이자에 대한 막연한 기대가 아니라 '확실한 결과'를 약속하는 원금을 올리는 것이 본질입니다,

B. 요즘 핫한 예식장은 어디일까?

G. 내 배우자와 행복한 결혼생활을 하려면 지금 무엇을 준비해야 할까?

결혼식은 결혼이라는 본질의 껍데기일 뿐입니다. 결혼의 본질은 당연히 '사랑'이겠지요. 남들에게 보여주는 것이, 평소 못 가본 호텔에 주인공으로 등장하는 것이 목적이라면 복잡하고 어려운 결혼보단 호텔 대여가 더 낫지 않을까요?

B. 중국집을 하나 하려는데 어디서 해야 장사가 잘 될까?

G. 어디서도 맛본 적 없는 최고의 음식을 준비하려면 무엇을 해야 할까?

식당의 본질은 '맛'입니다. 자리가 그렇게 중요하다면 왜 명동 한복판의 어떤 자리는 몇 달이 멀다 하고 계속 식당 간판이 바뀌는 걸까요? 좋은 입지를 구하기도 쉽지 않은 일이지만 '압도적인 맛'을 내는 건 정말 어려운 일입니다. 본질의 왕은 그렇게 탄생합니다.

B. 광고주 서 상무가 키맨인 것 같던데 뭘 좋아할까?

G. 브랜드의 문제 해결과 성공을 위해 우리가 광고주에게 선제적으로, 뭘 더 해보면 좋을까? 뭘 더 제안할 수 있을까?

광고주와 대행사 간의 관계 본질은 '브랜드의 성공'입니다. 사람이 하는 일이니까 '사람 관리'도 중요하겠지만 그것이 본질과 동등한 수준으로 대우받거나 반대로 그것만 있어서는 절대 관계가 오래 지속하기 힘들 것입니다.

CHAPTER 3

BQ

고백해야 하는데 어떤 영화, 드라마의 장면이 제일 멋있더라?
자소서? 나를 가장 잘, 가장 매력적으로 소개할 이야기는 뭘까?
우리가 가진 기술로 어떻게 하면 최고의 제품을 만들 수 있을까?
A 자동차 PT, 예전 A 자동차 광고 기획서 어디 구할 데가 없을까?

내가
아닌
너로부터
비롯된
질문이어야
합니다

–

ALL FROM YOU

그 영농후계자는 어떻게 프로포즈에 성공했을까

제가 좋아하는 이외수 작가의 어느 소설에
이런 대목이 나옵니다. 요양을 위해 시골에 머물던
어느 소설가(이하 A), 그가 시골에서 사귄 영농후계자
친구(이하 B) 그리고 읍내 다방에 새로 온 서울 출신
다방종업원 아가씨(이하 C)가 등장합니다.
마을의 모든 총각이 반할 정도로 아리따운 C에게
순진한 B 또한 한눈에 반했다고 합니다.
하지만 말재주도 글재주도 없어 고백할 방법을
찾지 못하고 끙끙대고 고민하던 B의 이야기를 들은 A는
"그게 뭐가 고민이냐, 내가 명색이 소설가다 걱정하지
마라. 내가 껌뻑 넘어갈 연애편지를 대신 써 줄 테니
그걸 전해 줘라"라고 했고요. 이후 A가 쓴 대필
연애편지는 B의 손을 거쳐 C에게 전달되었습니다.
그런데 한 통, 두 통, 수십 통의 편지를 보냈건만
C는 미동도 없었다고 합니다. B는 실의에 빠졌고 A는
A대로 '어, 뭐지?' 하고 말았겠지요. 몇 달 후, A는
B와 C가 사귀고 있고 열렬히 사랑하고 있다는
이야기를 전해 듣게 됩니다.

A는 궁금했죠,
'아니, 명색이 소설가인 내가
쓴 편지에도 꿈쩍 않더니
어떻게 둘이 사귀게 된 거지?'

도라지꽃, 한 남자의 진실한 마음입니다

A가 B를 만나서 전해 들은 자초지종은 이렇습니다. 대필 연애편지가 실패한 후 시름시름 앓던 B는 도저히 안 되겠다 싶어 물어물어 무작정 C가 머무는 하숙집으로 찾아가 하숙집 주인에게 통사정했다고 합니다. 사람이 죽어 가게 생겼으니 제발 딱 한 번만 C가 머물고 있는 방의 문을 열어달라고요. 그날 퇴근한 C가 방문을 열고 들어왔을 때 그녀가 본 것은 조그맣고 하얀 도라지꽃으로 온통 뒤덮인 방이었다고 합니다. 방안 모든 구석구석에 조그만 하얀 꽃이 가득했다고 합니다. 말재주도 없고, '화려한 수사로 가득 찬' 대필 연애편지마저 실패한 B는 생각했죠. '내 마음을 그녀에게 진짜 제대로 보여줄 수 있는 방법은 뭘까?' 하고 말이죠. 그러다 생각난 게 사람들이 잘 모르는 '하얗고 예쁜 도라지꽃'이 떠올랐고 그걸 선물하게 된 것이었다고 합니다. C는 B에게 이렇게 말했다고 합니다. '편지를 받긴 했는데 너무 글을 잘 써서 바람둥이라고 생각해서 꺼려졌다'라고 말이죠. 그런데 온 방을 하얗고 작은 꽃으로 채운 '정성' 때문에 C는 B를 다시 보게 되었다고 말했어요. (작가 주 : 혼자 사는 여성의 방에 동의 없이 들어가는 것은 당연히 범죄입니다. 어디까지나 지금으로부터 수십 년 전에, 그것도 픽션인 소설에 나온 이야기입니다. 이 점 감안 부탁드립니다.) 프로포즈의 주인공은 하는 사람이 아니라 받는 사람이어야 합니다.

오로지 처음부터 끝까지 상대방의 입장에서 생각하지 않으면 무엇을 하든 넌센스입니다.

처음 만난 대학생 70명, 자기소개 후 이름 맞히기 게임에서 누가 벌주를 마셔야 할까요

복학하고 광고 공부를 시작했는데,
우리 학교에 광고동아리가 없다고 하길래
한 번 만들어 보고 싶었습니다.
주변에 권유하고, 온 학교에 전단을 붙여서
드디어 첫 MT에 70명이 참석하게 하는 데까지
성공했습니다. MT 날 저녁, 가평의 어느 큰 방에
70명이 함께 모였습니다. 저마저도 동아리 창립을
같이 준비한 대여섯 명 외에는 모두 모르는
얼굴들이었습니다. 가장 먼저 해야 할 일은 자기소개,
그리고 어디든 그렇듯 그 직후에 '이름 맞히기 게임'을
해서 벌주를 마시는 그런 순서가 준비돼 있었죠.
그런데 문득 그런 생각이 들었습니다.
'70명이 대충 각자 자기소개하고 나서 밤새
술 마시고 일어나면 과연 내일 아침에
몇 명이나 이름을 기억할까?'

그때 문득 든 생각이 하나 있었고,
그 급조한 룰을 모두에게 급히 전달했습니다.
'이름 맞히기 게임에서 실패하면
못 맞힌 사람과 대상자, 두 분 모두
원 샷입니다' 라고요.
왜 저는 그렇게 했을까요?

▪

왜 자기소개서에 가족 이야기를 쓸까요

□

아주 예전에 후배들의 자소서를 고쳐준 적이
꽤 많았습니다. 나름 좋은 결과도 있었던 적도
있었고요. 연차가 쌓이다 보니 알바, 인턴, 팀원,
본부원, 그룹 공채 평가 등 '함께 일할 친구들을
채용하는 일'과 관련한 역할을 맡은 것도 벌써
10년이 넘었습니다. 그런데 그때나 지금이나
한결같이 안타까운 자소서가 많이 눈에 보입니다.
내 부모님이 어떤 분인지 내 형제 관계가 어떻게
되는지 우리 집의 분위기는 어땠는지.
'너무 많은 나의 다양한 장점'을 늘어놓고
'믿든 말든 열정이 넘친다'고 주장합니다.
요즘 친구들은 자소서 클리닉도 받고 서로
돌려가며 의견도 준다고 하던데
저의 기준으로는 요즘의 자소서 또한
10년 전과 별 다를 바가 없는 것 같습니다.

□

저는, 이 자소서들의 어떤 점이
그렇게 안타까운 걸까요?

새벽 3시 그녀 집 앞, 용감한 고백이 성공할까요

20대 초반의 남자 A, B, C가 술을 한잔합니다.
이윽고 새벽 1시경, 술기운을 빌려 A가 B, C에게
속마음을 털어놓습니다. "요즘 D가 너무 예뻐 보여,
D를 좋아하는 것 같아" 지나치게 감정이입이 된
친구 B와 C는 이렇게 말합니다 '인생은 한 번이야,
지금 당장 가서 고백해!'라고 말입니다.
A가 집이 어딘지 모른다고 말하니 B는
여기저기 알아보고 D의 주소를 알아봐 줍니다.
전철이 끊겼다고 하니 B와 C는 주머니를 탈탈 털어서
몇천 원씩 꺼내서 A의 손에 쥐여줍니다.
심지어 C는 온 동네를 뛰어다녀서 장미꽃
한 송이를 구해서 A의 손에 전해줍니다.
자, 새벽 3시, D의 집 앞입니다.
큰소리로 용감하게 외치는 A의 고백이 시작됩니다.
이 고백은 성공할까요, 실패할까요?

왜 남자들은 되지도 않을
이런 고백을 하는 걸까요?

이 세 가지 이야기 속에
숨어있는 세상에서 가장 중요한 사람

Who is..?

All From YOU

세상에서 이 사람이 가장 중요한 사람입니다.
우리의 생각과 고민은 이 사람으로 시작해서 이 사람으로 끝나야만
입사도, 프로포즈도, 프리젠테이션도, 광고도, 마케팅도 성공할 수 있습니다.
이 말에 숨어있는, 제가 진짜 하고 싶은 이야기는,
Absolutely Not 'All from Me'입니다.

I < U

좋아하는 사람	매력적인 사람
고백자	피고백자
입사하고 싶은 사람	직원을 뽑으려는 사람
구직자	구인자
표를 받고 싶은 사람	표를 가진 사람
정치인	국민
발표하고 설득해야 할 사람	발표를 듣고 선택할 사람
Presenter	*Audience*
브랜드를 키우고, 판매를 늘리고 싶은 사람	브랜드를 키워주고, 물건을 사 줄 사람
Client & Agency	*Consumer*

언제나 ***I가 아니라*** ***어떤 경우에도*** ***You가*** 가장 중요합니다

I 는 이미 무언가를 하고 싶고 할 준비가 되어 있습니다.
남은 건 YOU의 동의, 허락, 승낙뿐입니다. 남은 건 오직 YOU입니다.
그렇기에 우리가 뭔가를 해내야 한다면 처음부터 끝까지 YOU를 보고 생각해야 합니다.

과장님, 그런데 . . . 왜

2013년, 현대자동차에서 처음으로 계열 광고회사에 맡기지 않고 외부 광고대행사들끼리의 경쟁 PT를 통해서 광고를 맡기기로 한 프로젝트가 '쏘나타 하이브리드'였습니다. 1차 제안서 제출, 2차 실제 PT의 쉽지 않은 과정이었음에도 광고주나 제품의 브랜드가 워낙 매력적이라 꽤 많은 광고회사들이 참여했던 것으로 기억합니다. 제가 있던 SK플래닛에서도 중요한 프로젝트라고 판단해 제가 속해있던 기획팀과 다른 팀의 TF를 구성해서 참여를 했었습니다. 사실상, 국내에서는 현대자동차그룹의 계열광고회사를 제외하고는 '제대로 자동차 광고를 해 본 적이 있는 회사나 사람'이 없고, 하이브리드 자동차 또한 실제로 타 본 사람을 찾기 쉽

저희 회사가 된 건가요?

지 않을 정도로 아직은 낯선 제품이라—다른 광고회사들도 그랬겠지만—준비과정에서 꽤 애를 먹었던 PT였습니다. 그랬던 만큼, 제안서와 PT를 거쳐 최종적으로 저희가 선정되었다는 이야기를 듣고는 정말 기뻤습니다. 그런데, 실제 진행과정에서 광고주 측에서는 PT에서 제안했던 아이디어 중에서 골라서 진행할 것이 아니라, 새로운 아이디어를 개발해 보자고 하는 것이었습니다. 광고대행사 입장에서야 우리랑 하시겠다는데 새로운 아이디어를 추가로 제안하는 게 무슨 대수겠습니까? 저희는 새로운 아이디어를 제안해 드렸고, 그중에서 최종적으로 '자동차는 진보한다'라는 키메시지 하에 CF 2편(보증편, 연비편)을 제작하게 되었습니다. 샌프란시스코에서 첫날 촬영을 마치고 호텔방에서 현대자동차 광고팀 과장님과 맥주를 한잔하면서 이런 저런 이야기를 하던 중 갑자기 문득 궁금해져서 제가 이런 질문을 조심스럽게 드렸습니다. "과장님 그런데 왜, 저희 회사로 결정된 건가요?"라고 말이죠. 그때 과장님의 대답을 듣고 전 속으로 '아…'하고 놀랐습니다.

입장 바꿔 생각해보면 때로 또는 자주 경쟁 PT란,

7

7명을 쏘나타HEV 운전석에 앉혀봤습니다

시승 전
생각입니다

충전을 위한 전원은 어떻게 연결하나요?
3천만원 정도라면 그랜저가 낫지 않을까요
저속에서만 전기모터로 간다고 알고 있어요
연비는 좋지만 힘이 좀 부족하지는 않나요?
환경에 도움이 된다곤 하지만, 구매는... 글쎄요
배터리도 걱정이고, 아직은 초기라서 꺼려지네요

과장님의 이야기는 이랬습니다. "자동차 광고라는 게 다른 업종의 광고와 워낙 다른 특수한 부분이 많이 있는데 이번에 PT에 들어온 광고회사들은 모두 좋은 회사이고, 다들 열심히 준비해 주셨지만 자동차 광고에 대한 경험들이 없으시다 보니 솔직히 당장 골라서 만들 수 있는 아이디어가 없었습니다. 그런데 SK플래닛 PT 내용 중에 보니까 '한번도 하이브리드 자동차를 안 타본 운전자 7명을 실제로 쏘나타 하이브리드에 태우고, 그분들의 리얼한 반응을 촬영했던' 부분이 있더라고요. 저희 내부에선 다들 그 부분을 인상 깊게 보신 것 같습니다. 저 정도로 깊이 있게 열심히 준비해 주시는 분들이라면 저희가 파트너로 결정한 후 좀 더 자세히 광고의 방향과 가이드라인을 제시해드리면 진행 가능한 좋은 아이디어를 주실 수 있을 것 같아서 SK플래닛으로 결정하게 된 것 같습니다." PT 준비를 하던 중, '공부하고 렌트해서 타 보니까 하이브리드가 일반 자동차와 전혀 다른 경험을 제공한다는 걸 알겠는데 그렇다면, 정말 처음으로 타 본 소비자들은 그 경험을 어떻게 느낄까?'라는 궁금증이 생겼습니다. 그런데 회의 멤버 중 누군가가 '그러면 직접 태워보고 그걸 있는 그대로 촬영해 보면 어떨까'라고 했습니다. 말이 된다고 생각했던 저희 팀에선 전사메일을 보내서 본인의 점심시간을 기꺼이 내줄 회사 동료 7명을 섭외했고, 그때만 해도 한적했던 상암동에서 한 명씩 차를 태우고 7명 모두의 경험과 있는 그대로의 반응을 촬영했었습니다. 그리고 그 내용이 기획서에 아주 일부 들어

'아이디어'가 아니라 '회사'를 선택하는 일

Not Idea But Agency

갔었고요. 광고를 만드는 일을 업으로 하는 '나'의 입장에서만 보면 경쟁 PT는 가장 좋은 전략과 아이디어를 갖고 벌이는 단판의 진검승부로 보입니다. 그러나, 칼자루를 쥔 'You'(여기선 광고주겠죠.)의 입장에서 생각해 보면 저 생각은 반만 맞는 것 같습니다. 결국, 일은 사람과 사람이 만나서 할 텐데, 그런 관점에서 보면 '기발한 아이디어'만큼이나 '훌륭한 파트너'는 중요합니다. 심지어 어떤 경우는 전략이나 아이디어보다 '어떤 태도를 가진 파트너'인지가 선정의 핵심요인이 되기도 합니다. 광고 한 편은 길어야 3개월이지만 얼굴을 맞대고 하나부터 열까지 호흡을 맞춰가야 하는 파트너십 기간(광고대행 기간)은 6개월이기도 1년이기도 2년이기도 하기 때문입니다. 아무리 똑똑한 전략, 좋은 아이디어를 갖고 왔더라도 상대방(광고주) 입장에서는 '나(광고주)에 대한 관심과 열정이 없으면' 그냥 멋지고 신기한 춤을 잘 추는 광대 정도로밖에 보이지 않을 수도 있겠다는 생각을 저는 자주 하곤 합니다. 그래서 '경쟁 PT 전략'을 수립할 때 반드시 확인해야 하는 것이 '아이디어를 뽑는지, 대행사를 뽑는지'를 확인하는 것입니다. 물어봐도 안 가르쳐 준다고요? 당연하죠. 처음부터 끝까지 1부터 100까지 상대에게 집중하고 연구해서 알아내야 하는 겁니다. 그것이 경쟁 PT를 위한 'All From You적 관점의 미션'이라고 생각합니다.

미안, 내일은 약속이 있어서 말이야

광고 관련 강의를 한 지 벌써 10년이 되었습니다. 대학생들을 대상으로 강의를 하고 나면, 몇몇 친구들이 가끔 감사하게도 저에게 이렇게 이야기해 주곤 합니다. "강사님, 오늘 시간 있으세요? 강의 끝난 후에 저희와 함께 2교시(술자리), 어떠세요?" 그 친구들은 제 강의가 마음에 들어서 좀 더 듣고 싶어서일 수도 저를 통해 나름 광고계 인맥이나 네트워크를 구축(?)하고 싶어서였겠지요. 그런데 저는 거의 대부분 사양했던 것 같습니다. 왜일까요? 미안하지만 그 친구들은 오로지 'All From Me의 관점'으로 저에게 2교시를 제안했기 때문입니다. '제가 왜 소중한 제 시간과 돈을 써 가며 그 자리에 가야 하는지'에 대해서는 전혀 생각하지 않고 오로지 '나는, 우리는 당신과 이런 이유로 술 한잔을 같이 하고 싶다'였기 때문입니다. 내일 시간이 남아도는 데도 어떤 선배, 후배, 친구가 '내일 만나자'라고 했을 때 '미안해, 내일 약속이 있어. 다음에 보자.'고 하신 적이 누구나 있을 겁니다. 딱히 그 자리에 가고 싶지도 그 사람과 시간을 보내고 싶지도 않기 때문이었을 겁니다. 'All From You'라는 건 달리 말하자면 상대방의 Benefit(이익)이 무엇인지 끊임없이 고민하는 것입니다. 상대방이 왜 내 말에 귀를 기울여야 할까, 왜 나와 저녁 시간을 같이 보내야 할까, 왜 우리 광고에 관심을 기울여야 할까, 왜 우리 제품을 좋아하고 기꺼이 돈을 지불해야 할까 등 오로지 처음부터 끝까지 상대방의 입장에서 생각해야 합니다. 내가 아닌 상대방의 이익이 무엇인지 고민하고 찾아내야 합니다. 그래야만 같이 술을 마시든 광고를 보게 하든 제품에 관심을 갖게 하든 결국 내가 원하는 대로 할 수 있습니다. 비싼 걸 사주겠다는 친구에게 거절했던 그 날의 당신을 생각해 보십시오. 친구의 '의도'만 있고 당신의 이익은 어디에도 없었습니다. 혹시 지금 당신이 다른 누군가(소비자, 광고주, 파트너)에게 당신의 친구처럼 하고 있지는 않나요?

All From You, Not Me

우리는 태어날 때부터 'All From Me'로 생각하고 행동하는 존재입니다.
그래서 항상 경계하고 점검하고 깨어있으려 노력하지 않으면 You를 금세 잊기 쉽습니다.
우리는 왜 그런 걸까요? 왜 그렇게 되는 걸까요?

All From You Not Me

■

당신이 가장 사랑하는 사람을 맞춰 볼까요

□

거울을 들여다보면 보이는 그 사람, 맞습니다. 거울 속 그가, 그녀가 바로 당신이 가장 사랑하는 사람입니다. 우리는 '우리 자신'을 가장 사랑하는 존재로 태어났고 그렇게 살아왔습니다. 그랬기에 오늘까지 여기까지 무사히 올 수 있었지요. 사랑하니까 지켜주고 싶고 또 실제로 그렇게 지켜왔지요. 자, 그런데 이런 우리의 사랑이 때로 문제가 되곤 합니다. 우리는 가장 사랑하는 우리 자신이 덜 힘들기를 바라고, 우리 자신의 이야기를 가장 중요하게 들으려 하고, 우리 자신이 하고 싶어하는 것을 하게 해 주려 하고, 우리 자신이 어제 했던 방식, 그래서 편한 방식대로 하게 해 주려고 합니다. 네. 맞습니다. 우리는 가만히 있으면 'All From Me'로 사고하고 행동하는 존재입니다. 나는 연애할 준비가 되어 있습니다. 이제 상대만 승낙하면 바로 시작할 수 있죠. 나는 당신의 회사에서 내일부터 일하고 싶습니다. 이제 당신만 나를 뽑아주면 되죠. 나는 국회의원이 될 자격이 충분히 있습니다. 이제 당신만 나를 찍어주면 됩니다. 내가 만든 이 제품은 정말 다시 못 볼 훌륭한 것입니다. 이제 당신이 지갑만 열어주면 됩니다. 우리가 준비한 프리젠테이션과 아이디어는 최고입니다. 이제 당신만 인정해 주면 됩니다. 이렇게나 'You'가 중요함에도 불구하고 우리는 이 사람의 중요성에 대해 지속적으로 끈질기게 생각하지 않으면 금세 All From Me로 생각하고 결정하고 행동하게 됩니다. 앞서 말씀드린 것처럼 우리는 언제나 우리 스스로를 가장 사랑하기 때문입니다. 그렇다면 우리가 해야 할 일은 자명합니다. '나에 대한 뜨거운 사랑'은 잠시 접어두고, 멀리 보았을 때 나에게 진정으로 의미 있는 큰 것을 선물하기 위해, 지금 바로 여기에선 오직 You에게 집중한다는 것이겠지요.

■

상대의 입장에서 생각하면 절대 해서는 안 되는 이야기

□

우리는 '겸손함의 미덕'에 대해 귀에 못이 박히도록 이야기를 들으며 살아왔습니다. 그러다 보니 PT를 시작할 때 좋은 의미에서 이렇게 말하는 경우가 있습니다. "제가 감기약 시장에 대해서는 잘 모르지만, 정말 최선을 다해 준비해 봤습니다." 자, 여러분이 만약 그 PT를 받는 제약회사의 CEO라고 생각해 보십시오. '정말 겸손하고 좋은 사람이군.'이라고 생각이 들까요? 아니면 '아니, 몇 주간 스터디 했을 텐데도 감기약 시장을 모르겠다면서 우리 광고비 30억을 맡겨달라는 거야? 우리 회사의 사활이 걸린 제품인데? 모르겠으면 어떡하라는 거지?'라고 생각할까요? 이런 순간 위와 같은 '겸손의 표현'은 철저히 자기 본위의 생각에서 나온 이야기입니다.—나는 겸손하니까 좋게 봐 줘라 혹은 우리 전략이나 아이디어가 조금 부족해도 이해해라—상대방의 입장에서 생각한다면 절대 저런 이야기는 하지 못할 겁니다. 절대 해서는 안 되는 이야기입니다. 대신 이렇게 말하는 게 어떨까요? "열심히 공부했지만 솔직히 제품에 관해서 이 자리에 계신 분들의 높은 수준을 저희가 따라잡기에는 쉽지 않았습니다. 하지만, 그 제품을 실제로 알고 좋아하고 구매해야 할 우리 소비자들과 그들의 인식에 관해서 만큼은 그 누구보다 넓고 깊게 빈틈없이 조사하고 연구했습니다. 그런 과정을 거쳐서 저희가 자신 있게 제안해 드리고 싶은 전략과 아이디어를 지금부터 말씀드리겠습니다." 광고주의 입장에서 생각하면 공감도 가면서 열심히 준비했다는 것이 느껴지고, 무엇보다 소신과 자신감이 전달되지 않을까요? 더 기대를 갖고 열린 마음으로 보게 되지 않을까요.

■

배우는 마음으로 열심히 하겠습니다

□

면접을 볼 때 제가 제일 듣기 싫어하는 말이 있습니다. 그건 바로, "배우는 마음으로 열심히 하겠습니다"라는 말입니다. 학교는 돈을 내고 배우는 곳이지만, 회사는 돈을 받아가는 대신 그 돈만큼의 '돈값'을 해야 하는 곳입니다. 하루하루 전쟁터 같은 곳에서 우리는 땀과 눈물, 피를 흘리며 전투를 하고 생존을 도모해야 하는데, 부대에 새로 들어온 신병이 "총은 못 쏘니까 좀 가르쳐 주세요"라고 한다면 어떤 기분이 들까요? 저런 인사 대신 '내가 어떻게 돈값을 할 수 있는지'를 일목요연하게 전달하고 면접관을 설득하는 것이 All From You 관점의 면접이 아닐까요? 저런 인사를 하는 사람의 마음은 철저히 All From Me 관점으로 되어 있을 듯 합니다. '내가 어디서 들었는데 저렇게 하면 된다더라고.' 혹은 '배운다는 건 항상 좋은 인상을 줄 거야.' 모든 시작과 끝이 '나'인 것이지요. 어디에도 이 말을 들을 사람 상대에 대한 고려는 없습니다. '내가 이렇게 말하면 저 사람은 어떻게 생각할까, 어떻게 받아들일까?' '저 사람들은 어떤 사람을 필요로 하고 어떤 이야기를 들으면 그런 사람이라고 생각할까?'라고 고민해야 합니다. 별생각 없이 저런 인사는 할 수 있지 않겠냐고요? 그 경우는 더 큰 문제라고 생각합니다. 과연 어떤 회사에서 '별생각 없는' 사람을 위한 자리를 만들어 둘까요. 저는 그런 회사가 많지 않을 거라고 생각합니다.

■

특별한 자기소개 시간이 왔습니다

□

만약 여러분이라면 어떻게 자기소개를 할까요? 아마 대부분은 '어느 과 몇 학번 홍길동입니다'하고는 급히 자리에 앉을 겁니다. 쑥스러우니까요. 그런데 이 상황에서 '자기소개' 라고 하는 행위는 단순히 내가 누구라는 정보를 전달하는 역할만 하는 것이 아니라 '상대에게 나를 빠르고 강하게 기억시키는 것'이 목적입니다. 그래야 빨리 친해지고 그래야 같이 광고동아리 활동을 잘 할 수 있을 테니까요. 70명 모두가 '수줍고 빠르게 작은 목소리로 학과, 학번, 이름만 소개하고 앉으면' 듣는 사람은 기억이 날까요? 그런 관점에서 보면 이런 자기소개는 철저히 자기 위주의 자기소개인 것이지요.—내가 가장 사랑하는 내가 부끄러워하니까 덜 부끄럽게 해 줘야겠다. 빨리 일어나서 후다닥 끝내버려야겠다—여기 어디에도 목적을 달성할 수 있는 가장 중요한 You는 보이지 않습니다. 그때 저는 '이름을 못 맞히면 둘 다 원 샷'이라는 신종(?) 룰을 제안하면서 이런 이야기를 했습니다. "명색이 우리는 광고 동아리를 만들기 위해 이 자리에 모였다. 그런데 한번 생각해 보자. A라는 맥주의 광고를 봤는데도 전혀 그 맥주가 먹고 싶지 않았다면, 과연 누구의 잘못일까? A 광고를 만든 사람일까 아니면 기억을 못 하는 소비자, 시청자일까? 당연히 '광고를 제대로 만들지 못한 쪽'이지 절대 소비자, 시청자의 잘못은 아닐 것이다. 그런 관점에서 자기소개가 끝나고 누군가 내 이름을 외우지 못한다면 그건 못 외운 사람의 잘못이 아니라 '인상 깊게 소개를 못한 나의 잘못'이라고 볼 수 있지 않을까?" 저 이야기 후에 시작된 그때의 자기소개는 제 인생에 다시 볼 수 없을 정도로 상당히 버라이어티하고 크리에이티브했습니다. 본인의 이름으로 삼행시를 짓고, 랩을 만들고 자신의 이름과 관련된 집안의 내력까지. 아주 흥미진진한 자기소개 타입이었죠.

■

보통의 자소서와 새벽 3시 고백이 실패하는 이유

□

제가 보는 많은 자소서에서 안타까움을 느끼는 것 또한 마찬가지입니다. 이 자소서를 보고 채용을 할지 말지 결정하는 상대의 입장이 아니라 철저히 나라는 사람의 입장에서 쓰기 때문에 안타까운 겁니다. '나'라는 사람의 입장에서만 보자면 나에게 가장 중요한 사람은 나를 낳아준 부모님이고, 자랑스러운 나의 형제 관계이며, 정말 축복으로 생각하는 우리 집의 화목한 분위기입니다. 가족은 나의 가장 큰 프라이드니까 가장 먼저 자랑하는 게 맞죠. 자식의 도리인 것 같기도 하고요. 그리고 나는 나에 관해 자랑할 것이 너무 많기 때문에—혹은 없어도 많이 해야 할 거 같아서—보는 사람이 뭘 기억하든 신경 쓰지 않고 이것저것 두서없이 마구 늘어놓게 됩니다. '열정이 넘친다, 체력이 좋고 밤샘도 거뜬하다'라고 써 두면 상대방도 그렇게 그대로 다 기억하고 받아들일 것이라고 생각합니다. 그래서 그냥 그렇게 말합니다. 실제로 상대방이 그렇게 느끼게 할 방법에 대한 고민은 안 보입니다. 상대방이 믿는지 마는지는 그리 신경을 쓰지 않습니다. 내가 중심적인 관점에서는 이렇게 쓸 수 있습니다. 하지만 좋은 결과를 기대하기 어렵겠죠. 철저하게 상대의 관점에서 써야 합니다. 그래야 목적을 달성할 가능성을 조금이라도 더 높일 수 있습니다.

새벽 3시에 술 먹고 와서 문을 두드리며 꽃을 내미는 남자들은 그야말로 철저히 자기중심적입니다. 내 머릿속에 남아있는, 언젠가 내가 고백하면 써먹고 싶었던, '내가 어디선가 본 영화나 드라마의 멋진 고백 장면을 드디어 내가 현실에서 재현해 보는 행위'나 다름없기 때문입니다. 이 시간에 이렇게 시끄럽게 하면 상대가 얼마나 놀라고 기분이 나쁠지에 대해서는 생각하지 않습니다. 부모님이나 옆집에서 문제로 삼으면 상대가 내일 얼마나 어려운 입장에 처할 수 있을지 전혀 생각을 하지 않습니다.

■

내 중심, 내 마음대로 하면 안 되나

□

됩니다. 절대로 됩니다. 단, 광고 대신 예술을 하면 됩니다. 마케팅 대신 기부를 하면 됩니다. 예술은 내 뜻을 아무도 이해 못 해도 되니까, 기부는 그저 내가 돕고 싶은 곳을 도우면 되는 거니까요.

당신의 PT를 도울 All From You 관점의 세 가지 Magic Word

—

"여러분이 아시다시피"
"저희"
"안타깝게도"

"여러분이 아시다시피"

A라는 사실을 알고 있어야 논리적으로 다음의 B가 이해되는 상황입니다. 그런데 청중 중에 누군가는 A를 이미 알고 있고, 누군가는 모르고 있는 것 같다면 어떻게 해야 할까요? 입장을 바꿔서 생각해 볼까요? '대부분 알고 있는 것 같으니 시간도 부족한데 A는 건너뛰고 넘어가자'라고 생각해서 바로 B로 넘어가면 분명 평가자 중에 그걸 모르는 사람은 '이해가 안 되고, 심지어 불친절하고 나를 무시하는 것 같아 기분이 나빠지고 저 프리젠터는 논리가 없다'라고 평가할 수도 있습니다. 그렇다고, 모르는 사람의 눈높이게 맞추어 일일이 모두 설명하려 하면 A를 잘 아는 사람은, 심지어 그 사람이 A 자료를 준 사람일 경우 '뭐 하는 거야? 왜 이미 다 아는 걸, 내가 준 걸 왜 상세히 설명하고 있는 거야?'하고 시간 낭비로 받아들일 수 있을 겁니다. 마치, 우산장수와 부채장수 아들을 둔 엄마처럼 어느 한 쪽에만 맞춰서 이야기를 하면 자칫 문제가 생길 수도 있는 애매하고 복잡한 상황입니다. 만약, 여러분이라면 어떤 이야기로 이 상황을 문제없이 해결하시겠습니까?

이런 애매한 상황에서 쓸 수 있는 첫 번째 표현이 바로, "여러분도 아시다시피"입니다.

'여러분도 아시다시피, 지난달에 진행된 소비자 조사에서 저희 메가박스의 브랜드 충성도는 작년에 비해 10%가 올랐습니다. 그러므로 저희는 이런 흐름을 활용, 더 강력한 대소비자 커뮤니케이션에 박차를 가해야 한다고 생각합니다. **➔ '소비자 조사 결과'를 알았던 사람은 당연히 아무 문제 없고 몰랐던 사람은 '아, 최근에 저런 조사 결과가 있었나 보네'라고 생각하게 될 것입니다. 몰랐던 상대를 자연스럽게 '마치 알았던 사람'으로 만들어주는 것이죠.**

"저희"

자리가 구도를 만듭니다. 서 있는 한 명의 프리젠터와 그 반대편에 앉아있는 많게는 수십 명의 광고주가 서로 마주 보고 있다 보면 너무나 자연스럽게 'Agency vs. Client'의 구도가 됩니다. 이 구도는 정말 좋지 않은 구도입니다. 마치, 웃지 않는 공주 앞에서 전국의 모든 어릿광대가 차례로 나와서 공주를 웃기려는 상황과 비슷한 거죠. 어떤 어릿광대도 진심으로 공주를 사랑한다고 생각하는 사람은 없을 겁니다. 어릿광대들은 오직 '왕이 내 건 상금'을 사랑하는 거죠. 즉, 광고주와 대행사가 '같은 팀'이 아니라 '다른 이해관계를 지닌 상대방'으로 인식되는 겁니다. 우리가 만들어야 할 최선의 구도는 'Agency vs. Client'가 아니라 'We vs. Problem'입니다. '우리는 서로 재고 따지고 싸워야 하는 상대편이 아니라 이 브랜드를 위한 같은 팀이고, 우리의 반대쪽에는 브랜드가 시급하게 해결해야 할 문제가 있다'의 구도입니다. 실제로 우리가 이 자리에서 PT를 하고 전략, 아이디어를 제안하는 이유 중 하나는 내가 속한 광고회사를 위해서이기도 하지만, 궁극적으로는 광고주 브랜드의 문제를 해결하기 위함이기 때문에 이를 명확하게 알리고 일깨워 줄 필요가 있습니다. 같은 편이 하는 이야기는 더 열린 마음으로 듣게 되고, 좀 아픈 이야기라 하더라도 '우리 모두를 위한' 것으로 받아들입니다.(반대로 같은 편, 같은 팀이 아니라 '내 광고비를 따러 온 광대'처럼 느껴진다면 어떨까요? 그런 색안경을 끼고 보게 된다면 웬만큼 좋은 전략, 아이디어도 살아남기 어려울 겁니다.)

단 두 글자로 순식간에 우리 모두를 한 팀으로 만들 수 있는 두 번째 표현, "저희"

'저희 풀무원은 충분히 더 많은 사랑을 받을 수 있다고 생각합니다.' '저희 그랜저야말로 국내의 모든 자동차 중 가장 브랜드의 크기가 큰 자동차입니다.' '지금, 저희 위메프는 대한민국에서 가장 빠르게 성장하고 있습니다.' ➔ **저는 풀무원도 현대자동차도 위메프도 다녀 본 적이 없습니다. 하지만 전 늘 '저희~'라고 말씀드립니다. PT 석상에서 제가 '저희~'라고 한다고 벌떡 일어나서 '왜 우리 직원인 척 사칭합니까?'라고 화를 내는 광고주가 있을까요? 저는 한 번도 본 적이 없습니다. 진심을 담아서 몇 주간 PT를 준비하면 마치 내 회사 내 브랜드 같다는 느낌이 들기도 합니다. 진심이 담긴 '저희'라는 말은 대행사과 광고주를 한 팀으로 만들어 줍니다.**

“안타깝게도”

사람들이 가장 싫어하는 사람은 나에게 나쁜 말을 하는 사람입니다. 그리고 그다음으로 싫어하는 사람은 나에게 그 나쁜 말을 전달하는 사람입니다. ‘글쎄, A가 네 욕을 하고 다닌대~’라는 말을 전해 주는 친구 B를 ‘정확한 정보를 알려줘서 고마운 친구’라고 생각하기보단, 그런 말을 하는 B가 싫어지는 게 사람의 마음입니다. 작년 대비 매출이 떨어졌고, 브랜드 인지도가 낮아졌고, 소비자들의 반응이 시큰둥해졌습니다. 그 이야기는 광고주들도 잘 알고 있습니다. 심지어 그 자료는 광고주가 우리에게 준 겁니다. 살찐 조카한테 만날 때마다 살쪘다고 걱정(?)하는 삼촌, 결혼 안 한(아직 못한) 친구한테 만날 때마다 아직 결혼 못 해서 어떻게 하냐고 타박해 주는 친구를 우리는 썩 좋아하지 않습니다. All From You, 입장을 바꿔서 생각해 보면, 광고주 또한 마찬가지일 겁니다. 굳이 아픈 상처를 후벼 파는 이야기를 좋아할 리 없고 그런 이야기를 ‘남의 말 하듯 한 번 더 전하는’ 사람이나 회사를 호감을 갖고 볼 리는 만무합니다. 그럼에도 논리 전개상 반드시 부정적인 사실이 나와야 말이 되는 상황이라면 단순히 전달하는 것이 아니라 ‘같은 팀으로서 이러한 상황이 몹시 안타깝다’라는 마음을 담아서 전달하면 됩니다. 이것이 우리에 대한 상대방의 Negative Reaction을 막을 수 있습니다.

불필요한 Negative Reaction을 방지할 수 있는 세 번째 표현, “안타깝게도”

(화면에는 30% 인지도 감소) ‘안타깝게도 최근 저희 인지도가 감소했습니다. 그래서~’ / (소비자조사 결과 후) ‘안타깝게도 그들은 우리의 가치를 충분히 알지 못하고 있습니다. 그래서~’ / 숫자로 된 Negative Fact는 굳이 읽지 않아도 의미 전달이 된다면 읽지 않는 편이 낫습니다. ‘살이 좀 찐 것 같네~’보다는 ‘살이 20kg 찐 것 같네~’가 더 아프니까요. 중요한 건 항상 이 이야기를 전달받는 상대방의 입장에서 생각하는 것입니다. **➔ 우리가 PT를 하는 이유는 그들을 평가하기 위해서가 아니라, 그들의 문제를 해결할 수 있는 우리가 만든 최선의 제안을 팔기 위해서입니다.**

외교적 수사

군인이 전쟁을 통해 국가를 지킨다면
외교관은 협상을 통해 국가를 지킵니다.
전쟁은 상대를 설득할 필요가 없지만
협상은 상대를 설득하는 것이 필수입니다.
상대를 설득할 때는 최대한 불필요한
감정적 충돌을 피해야 합니다.
이를 위해 외교관들은 에둘러서 간접적으로 표현합니다.
그래서 상대방의 마음이 상하지 않게 하려 합니다.
마음이 상하면 협상은 더 진척되지 않기 때문입니다.
어떤 경우라도 협상이 멈춰지지 않게,
계속 여지를 두고 협상해서 결국 목적을 이루는 것입니다.
일본대사를 불러서 독도에 대해 강한 항의를 하는 상황,
일본대사는 절대로 '독도는 우리 땅이야'라고 주장하지 않습니다.
대신 '본국에 귀국의 의도를 전하겠다'라고 합니다.
이 말의 의미는 '독도는 일본 땅이라고 생각합니다'
라는 의미인 대표적인 '외교적 수사'입니다.
그렇게 해야만 양국의 협상은 끝나지 않을 수 있기 때문입니다.
미팅을 할 때, 메일을 쓸 때, 그리고 PT를 할 때,
외교관이 되었다고 생각해 보세요.
싸움은 말리고 흥정은 붙여야 합니다.
우리는 우리의 목적을 달성해야 합니다.

承

轉

結

기승전결 중 가장 중요한 부분이라고 배운 것은 **전**轉입니다.
고조되던 극의 갈등이 해소되고 주인공의 비밀이 드러나는 부분이기 때문입니다.
기획서 • PT에서도 대부분의 경우 **전**轉의 위치에 전략 • 컨셉 • Key Idea가 위치합니다.
말과 글 • 그림과 영상으로 다른 사람(광고주와 소비자 그리고 많은 관계자)들과
소통하는 일을 18년 동안 업으로 하다 보니 **전**轉만큼 중요한 것 어쩌면 **전**轉보다
더 중요한 것이 기起라는 것을 알게 되었습니다. 입장을 바꿔서 생각해 볼까요?
첫 회가 재미없는 드라마인데 굳이 2회 • 3회를 기다려서 찾아서 보신 적이 있으세요?
처음부터 관심 가지 않고 주의가 집중이 되지 않는데 그 뒤의 이야기가 귀에 들어올까요?
그래서 재미있는 영화나 드라마를 보면 반드시 첫 장면 • 첫 회에 강력한 장치를
심어놓는 것을 볼 수 있습니다. **전**轉과 **결**結 부분에 있는 우리의 전략과 아이디어 • 실행
방안을 전달하기 위해서는 반드시 기起에서 강력한 주의집중을 만들고 궁금함을 유발
시켜야 합니다. All From You 입장을 바꿔서 생각해야 진짜를 찾을 수 있습니다.

clédor

사실, 크리에이티브는
CreativeAir가 아니라 A사가 더 좋았어요

2006년, 제가 입봉했던 첫 프리젠테이션에서 승리한 후
광고주 담당자분이 해 준 이야기입니다.
광고 시안은 우리보다 A 광고회사가 더 좋았는데
대체 광고주는 왜 저희의 손을 들어 준 것일까요?

#광고슬로건
#마음이고픈날의아이스크림

위의 기획서는 제가 처음에 썼던 기획서입니다. 광고 슬로건, '마음이 고픈 날의 아이스크림'을 팔기 위해 '아이스크림이 핵심타겟인 20대 여성에게 어떤 심리적인 의미가 있는지'를 이야기하고 있습니다. 오로지 '슬로건'으로 모든 논리와 이야기가 수렴되는 구조입니다.(저 당시만 해도 광고기획서는 제안할 아이디어 중에서 'TV광고'에 집중하고, 그래서 기획서의 논리가 그 TV광고의 슬로건으로 달려가는 것이 대부분이었습니다. 광고회사 입장에선 가장 공을 들여 준비한 것이 TV광고이고, 광고주가 가장 큰 비용을 쓰고, 광고회사에 가장 크게 수익을 안겨줄 것이 TV광고였기 때문입니다.)

#비즈니스아이디어 #마음이고푼

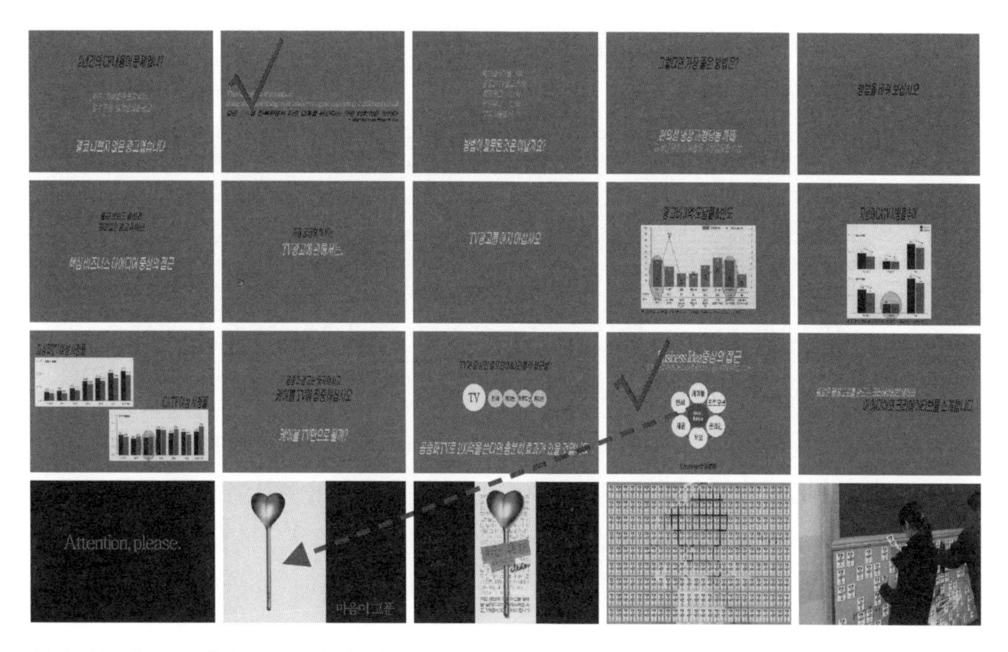

위의 기획서는 PT 전날, 스승님의 말씀을 듣고 뜯어고친 후 실제 PT를 했던 기획서입니다. 비즈니스 아이디어,'마음이 고푼' (당시에 제안했던 아이스크림 스푼 아이디어)이 기획서의 중심에 있습니다. '멋진 말 한마디와 예쁜 모델이 나오는 TV 광고에 집중하는 것'도 나쁜 방법은 아니지만 이런 방법으로 치열한 시장에서 성공하기 위해서는 굉장히 큰 예산이 필요하다. 그렇다면 남들과 다른 방법을 찾아보자. 우리가 찾은 다른 방법은 핵심 비즈니스 아이디어가 중심인 방법이며 이것은 '말로만 IMC'를 주장하는 사실상 'TVC 중심의 방법'과 '다르다는 것'이 기획서의 요지였습니다.

광고주의 입장에서 고민한 전략과 아이디어

예산이 30억이라고 말씀드렸었는데,
A사 TV 광고 아이디어는 새롭고 좋긴 했지만,
빅 모델이 여러 명 필요해서 모델료로만 7~8억을 써야 하는데
저희 입장에선 선뜻 고르기가… 그에 반해 CreativeAir는
저희의 입장에서 고민하고, 비즈니스를 이해하고 한정된 예산을
염두에 둔 Solution을 제안해 주셨던 부분이 가장 좋았습니다.
'역사에 가정은 의미가 없다'고는 하지만 만약,
제가 원래 썼던 기획서(흔히 볼 수 있는 'TV 광고 슬로건'이 중심인)로
PT를 했다면 어떻게 되었을까요?
아마 PT에서 떨어졌을 겁니다. 저희 PT 승리의 열쇠는 오직,
'광고주의 입장에서 고민한 전략과 아이디어'였습니다.

이 해에 결국, 광고주의 비즈니스 전략상 끌레도르 광고는 하지 않기로 했지만
이 PT덕에 빙그레와 광고대행계약을 맺고 2년 동안 다수의 훌륭한 아이스크림,
유음료 브랜드의 광고를 만들고 운영하는 소중한 경험을 얻을 수 있었습니다.

마 케 팅
광 고 의
Y O U
소 비 자

갑자기 어딘가 나타나서 어슬렁거립니다 / 오늘은 여기 내일은 저기 그야말로 자기 마음대로입니다 / 우리는 그 속을 도무지 알기가 어렵습니다 / 변덕이 죽 끓듯 합니다 / 어젠 사슴을 잡더니 오늘은 쳐다보지도 않습니다 / 무엇보다, 무섭습니다 / 호랑이는 왕입니다 / 가장 강력한 존재입니다 / 호랑이를 거역하면 누구도 살아남기 어렵습니다 / 누구보다 호랑이를 제대로 알아야 하는 당신은, 쉽고 가까운 동물원으로 가고 있습니까? / 아니면 멀고 춥고 힘든 시베리아로 가고 있습니까?

마케팅의 YOU,
소비자가 가장 중요하다

아는 것은 쉽고 말하는 것은 더 쉽습니다.
결국은 소비자를 얼마나 더 깊이,
더 제대로 아느냐가 관건일 겁니다.
소비자는 "예측 불가능한, 변덕스러운, 본인도 본인을 잘 모르는,
각기 구매이유나 패턴도 모두 다르고, 같은 사람도 늘 달라지는"
참으로 불가사의한 존재입니다.
이런 소비자를 제대로 깊이 아는 일은 쉬울까요?
이런 소비자를 제대로 깊이 알려고 우리는 얼마나 노력을 기울이고 있나요?
혹시, 있는 그대로의 진짜 호랑이를 만날 수 있는
시베리아에는 근처도 가 보려 하지 않고,
가까운 동물원에 가서 하루 정도 호랑이를 보고
호랑이에 대해 좀 안다고 이야기하는 건 아닐까요?

F
G
I

가장
중요한 소비자를
가장
깊이 알 수 있는
가장
좋은 방법?

■

FGI라는 이름의 비싼 '안대'

□

FGI(Focus Group Interview)를 업으로 하시는 전문조사회사 분들께는 정말 죄송한 말씀이지만 저는 FGI비싼 '안대'라고 생각합니다. 이건 어디까지나 제 생각일 뿐입니다. '소비자가 왕이고, 그들을 잘 알아야 한다'는 것은 우리에게 주어진 절대명제입니다. 소비자 조사&연구방법 중에서 '질적 연구 방법론' 중 하나인 FGI는 광고회사와 브랜드들에게 가장 훌륭한 '전가의 보도'와 같은 존재입니다. 오죽했으면 제 첫 직장에는 사내에 'FGI룸'이 있을 정도였으니까요. 그런데, FGI는 과연 우리에게 얼마나 깊은 소비자 정보를 제공해 줄까요? 적지 않은 시간과 비용을 쓰는데 과연 그만큼 돈값을, 시간값을 할까요? 대학생 때 우연히 '캔 커피 경쟁 PT를 위한 FGI'에 패널로 참석한 적이 있습니다. 빵빵한 에어컨, 멋진 회의실에 무려 5만 원의 수고료까지! 지나고 생각해보니, 원래 말하기를 좋아하는 저였지만 그런 대접을 받으니 '뭐라도 말해드려야겠다'라는 마음이 컸던 것 같습니다. 그래서 작은 것도 크게, 없는 건 만들어서 이야기했던 것도 없지 않아 있었습니다. 진짜 문제는 제가 광고회사에서 일하면서 발견하게 되었습니다. 경쟁 PT 때 겉만 훑는 정량조사 말고 뭔가 좀 심층적인 조사를 해야겠다 싶으면 언제나 FGI를 했습니다. 준비부터 최종보고서까지의 기간도, 결코 적지 않은 비용도 문제였지만 '우리가 받은, 절대 저렴하지 않은 FGI보고서'에서 얻을 수 있는 게 별로 없었다는 것입니다. 이유가 뭘까요? 여러 명을 한꺼번에 조사하는 구조의 한계도 있겠지만 그보다 저는 'Moderator(FGI를 진행하는 사회자)의 문제'라고 생각합니다. 그 의미는 'Moderator가 잘한다, 못한다'라는 것이 아니라 그 역할을 프로젝트를 전체적으로 이해하고 문제를 파악하고 있는 프로젝트의 핵심관계자(PT라면 AE팀장, 본부장/브랜드에서라면 BM)가 아니라 전문적으로 Moderator 역할만 하는 외부 전문가에게 맡기기 때문이라고 생각합니다. 패널들의 응답에 따라 문득 떠오르는 질문을 바로 추가해서 더 깊이 파고들어야 할 텐데 Moderator가 프로젝트에 대해 알고 있는 것은 아주 한정적인 정보뿐이기 때문에 애초에 불가능한 것이겠지요. 그리고 가장 큰 문제는 별로 얻은 것이 없음에도 '이 정도면 우린 충분히 소비자를 심층 연구했고, 소비자를 잘 알고 있다'라는 착각을 하게 하는 것이라고 생각합니다. '우리가 소비자를 제대로 볼 수 있는 방법'을 보지 못하게 한다'는 의미에서 저는 FGI를 비싼 '안대'라고 생각합니다.

I
D
I

가장
중요한 소비자를
가장
깊이 알 수 있는
가장
좋은 방법!

■

IDI, 심층면접

□

학교 다닐 때 배웠던 질적연구방법론 중 가장 깊이 있는 결과를 얻을 수 있는 것은 '인류학적 조사'입니다. 인류학자들이 새로운 아마존의 원주민을 발견했을 때 하듯이 연구자가 피연구자들과 함께 피연구자들의 공간에서 실제로 함께 살면서 있는 그대로를 기록하는 것입니다. 〈Lovemark〉라는 책에서 Saatchi&Saatchi라는 영국의 광고회사는 중국 시장을 연구하기 위해 거대한 트레일러에 의식주에 필요한 도구 일체, 촬영, 녹음장비 등을 싣고 중국 전역을 다니면서 중국인들과 함께 생활을 합니다. 그리고 있는 그대로 그걸 기록합니다. 당연한 말이지만 '설문조사'로 얻을 수 있는 소비자 데이터와는 그 깊이가 천양지차입니다. 그리고 인류학적 조사보다는 조금 덜 수고롭지만, 굉장히 유의미한 결과를 얻을 수 있는 방법이 바로 '심층면접In depth Interview' 입니다. 사전에 준비된 질문지를 갖고 연구자와 피연구자가 1:1로 만나되 최대한 피연구자가 편안함을 느낄 수 있는 공간과 시간에 진행합니다. 보조연구자가 있다면 녹취 및 녹화를 진행하고, 질문지는 가급적이면 질문을 할 연구자가 작성하는 편이 훨씬 깊은 정보를 이끌어 낼 수 있습니다. 많은 사람을 인터뷰할 필요도 없습니다. 제 경험으로는 많아야 대여섯 번이면 충분합니다. '넓게'가 아니라 소비자를 '깊이' 아는 것이 목적이기 때문입니다. 그리고 대상자의 수나 인터뷰의 회수보다 훨씬 중요한 것이 바로 '질문'입니다.질문을 뻔한 걸 던지면 뻔한 답밖에 건지지 못합니다. 마주 보고 오래 앉아 있어 봐야 말짱 헛일입니다. 여기서 질문은 절대로 생각이 아니라 행동을 물어야 합니다. 그리고, 그 행동에 관한 답에서 '행동의 이유'를 물어서 자연스럽게 진짜 생각을 알 수 있도록 구성되어야 합니다. 그래서 이 프로젝트에 대한 이해가 가장 깊은 사람이 해야 하고, 또한 답을 듣다가 뭔가 귀에 걸리는 이야기, 예상 못했던 이야기가 나오면 바로 그쪽으로, 그에 관해서 새로운 질문을 즉석에서 할 수 있어야 합니다. 이런 이유 때문에 프로젝트의 리더가 하는 편이 가장 좋은 효과를 볼 수 있습니다. 저도 이 방법을 학교에서 이론으로만 배웠지, 딱히 누군가 제대로 가르쳐 준 적은 없습니다. 확실한 것은 FGI와 비교했을 때 훨씬 깊이 있는 이야기와 진짜 이야기를 들을 수 있고 건질 수 있다는 것입니다. 단, 질문이 제대로 만들어져 있다는 전제하에서입니다. 그리고 다시 한번 강조하고 싶은 것은 그 프로젝트, 그 브랜드에 대한 이해가 가장 깊은 사람이 진행하는 것이 가장 좋은 결과를 얻을 수 있다는 것입니다. 경쟁 PT라면 프리젠터로 나설 사람—즉, 직접 기획서를 쓰고 광고주를 설득할 사람—이어야 하고, 메이커에서 한다면 BM이나CM(Category Manager)가 해야 합니다. 머릿속에 다양한 가설을 갖고 있는, 가장 많은 고민을 한 사람이 질문을 만들어야만 제대로 된 유의미한 좋은 질문이 나올 수 있고, 인터뷰에서 갑자기 툭 튀어나오는 '원석' 같은 이야기를 바로 캐치하고 바로 이 원석을 뿌리째 캐낼 수 있는 추가 질문을 할 수 있기 때문입니다. FGI가 몇백만 원의 비용이 들고, 최초 발주부터 보고서까지 최소 열흘이 걸리지만 막상 받아보면 딱히 어떤 것이 인사이트인지 어떤 것이 소비자의 진짜 생각인지 알기 어렵다면, IDI는 커피값과 선물로 들고 간 음료수 한 박스 외에 전혀 비용이 들지 않고 피연구자 서칭부터 최종내부공유용 문서 제작까지 이틀이면 충분합니다. 그리고 '심층 소비자 자료'를 가장 필요로 하는 사람이 직접 진행을 하기에 정말 소비자의 진짜 생각인 '원석'을 캐낼 가능성이 굉장히 높습니다. 그래도 어떻게 해야 하는지 모르시겠다고요? 아직 안 해보셨기 때문에 감이 안 오는 겁니다. 바로, 하루라도 빨리 직접 해보면 시행착오를 거쳐 점점 잘 할 수 있습니다. 무시무시하고 가장 강력한 우리의 호랑이인 소비자를 제대로 알고 잘 잡는 방법 중 하나가 바로 IDI입니다.

너를 향하는 질문이 아니라 나만 생각하는 질문들

이 질문들이 Bad Question인 이유는,
ALL FROM ME이기 때문입니다.

고백해야 하는데 어떤 영화, 드라마의 장면이 제일 멋있더라?
자소서? 나를 가장 잘, 가장 매력적으로 소개할 이야기는 뭘까?
우리가 가진 기술로 어떻게 하면 최고의 제품을 만들 수 있을까?
A 자동차 PT, 예전 A 자동차 광고 기획서 어디 구할 데가 없을까?

Bad Question to Good Question

'나에게서 시작하는'에서 '너만 바라보는' 질문으로

B. **고백해야 하는데 어떤 영화, 드라마의 장면이 제일 멋있더라?**

G. **그/그녀가 정말 좋아하는 것은 무엇이고 싫어하는 것은 무엇일까?**

내가 멋있다고 생각했던 고백 장면을 현실에서 재현해 보는 것이 목적이라면 내가 하고 싶은 대로 하면 됩니다. 그러나 프로포즈의 성공을 원한다면, 철저하게 상대의 입장에서 생각해야 합니다.

B. **자소서? 나를 가장 잘, 가장 매력적으로 소개할 이야기는 뭘까?**

G. **이 회사에서, 이 자리에 뽑고 싶은 사람은 어떤 장점을 가진 사람일까?**
내가 가진 것 중에 그런 장점을 증명해 줄 수 있는 것은 무엇일까?

자소서는 자칫 '그냥 내 소개를 하면 되는 것'으로 생각할 수 있습니다만, 자소서는 구직을 위한 도구입니다. 그렇다면 구인하려는 상대방의 입장에서 나라는 사람을 철저하게 분석해 상대방에게 가장 필요한 점을 강조해야 합니다.

B. **우리가 가진 기술로 어떻게 하면 최고의 제품을 만들 수 있을까?**

G. **사람들이 스스로 알고 있든 아니든 그들이 진정으로 좋아하고 열광하는 것은 무엇일까?**
그리고 그중 하나라도 만족시킬 수 있는 제품을 우리가 가진 기술로 만들어 볼 수는 없을까?

팔리지 않은 광고 시안은 광고가 아니라 '재활용 A4용지'이듯, 팔리지 않은 자동차는 자동차가 아니라 '잠재적 고철'입니다. 이런 비극을 막기 위해서는 우리가 아는 가장 강력한 사람에게 집중할 필요가 있습니다. 바로 '소비자'입니다.

B. **A 자동차 PT, 예전 A 자동차 광고 기획서 어디 구할 데가 없을까?**

G. **A 자동차에 대한 진짜 소비자 인식을, 진짜 문제를 찾아볼 새로운 방법이 없을까?**

예전에 저도 이렇게 일했던 것 같습니다. 왜 그랬을까요? 그건 우리가 가장 편하게 시작할 수 있는 방법이기 때문이었을 겁니다. 소비자는 매일 바뀌는데, 그래서 문제도 늘 바뀌고 전략도 아이디어도 전혀 다를 텐데, 논리도 달라져야 하는데 남이 쓴 기획서는 왜 보려고 하는 걸까요. 기획서와 프리젠테이션은 말하는 나를 위한 것이 아니라 듣는 상대방을 위한 것입니다.

CHAPTER 4

BQ

나랑 성격이 잘 맞고 예쁜데, 집안도 괜찮은 애는 누가 있을까?
하고 싶은 일을 할 수 있긴 한데, 연봉이… 옮길까 말까?
회사에 도움이 될 칸 광고제에 상을 타려면 어떤 아이디어가 좋을까?
우리 임원들이 광고를 보게 하려면 어디에 광고를 하면 될까?

목적을 지향하고 달성할 수 있는 질문을 해야 합니다

—

PURPOSEFUL

”

일제가 우리나라를
지배하면서 힘들게 한 것도 있지만
우리나라를 근대화시켜 준
부분도 인정해야 한다

“

간혹, 위처럼 이야기하는 사람들이 있습니다. 여러분은 저 이야기에 동의하십니까? 저는 개인적으로 어이없는 망언이라고 생각합니다. 그런데, 혹시 저처럼 생각하시는 분 중에 저 말이 '왜 논리적으로 망언인지' 생각해 보신 적이 있으신가요? 제 고향 경주에 있는 '경주역'은 일제시대에 만들어졌다고 합니다. 경주역처럼 손에 잡히고 눈에 보이는 '일제가 만든, 어쨌든 우리에게 도움이 된 실체'들이 있으니 언뜻 저런 이야기를 들으면 또 그런가 싶기도 합니다. 하지만 망언은 이렇게 뒤집으나 저렇게 뒤집으나 언제나 망언일 뿐입니다. 자, 그러면 저 말이 왜 망언인지 하나씩 말씀드리겠습니다.

합 목 적 적

목 적 에

맞 **PURPOSEFUL** 는

목 적 을

달 성 하 려 는

잠깐, 그런데 지금 수상한 저 한국광고 말이야. "너는 한국에서 본 적 있어?" "팀장님은요?"

저는 운 좋게도 남들은 한 번 가기도 힘들다는 칸 광고제를 2009년, 2012년 2번이나 참관할 수 있었습니다. 분야가 워낙 많다 보니 시상식은 하루가 아니라 4~5일 내내 진행됩니다. 2009년에는 광고제 내내 여행을 다니다가 마지막 날 제일 중요한 시상식(TV, IMC 부문)만 봤고, 2012년에는 다녀와서 제가 '광고제 참관기'를 주제로 발표를 하기로 내정되어 있던 터라 각종 세미나부터 포럼, 전시장에서 열심히 공부했습니다. 물론, 시상식도 열심히 참석했지요. 온 정신을 집중해서 사회자의 영어, 자막의 영어를 보고 듣고 이해하려고 노력하면서 전 세계에서 모인 동업자들의 시상을 축하하는 마음 반, 질투하고 시샘하는 마음 반으로 열심히 박수를 쳤습니다. 그런데, 두 번의 참관에서 모두 이상한 느낌을 받은 것이 있었습니다. 바로 '상을 받은 어떤 한국광고들' 때문이었지요. 어떤 광고는 저도 한국에서 보고 참 기발하다, 멋지다, 역시 상 받을 만하다고 생각했던 것이라 외국에서 한국인 만난 듯 수상할 때 반갑고 기뻤는데 그에 반해 어떤 광고는 명색이 광고로 밥을 먹는 제가 한국에서 단 한 번도 본 적도 들은 적도 없으며 어떠한 국내 광고제에서 수상했다는 이야기 또한 들어 본 적이 없었습니다.

왜, 우린 그 광고를 전혀 몰랐던 걸까요?

당신의 휴대폰 화면에 지금 누가 있습니까

아직 총각이던 시절, '아, 나는 결혼을 하지 말아야겠다'라는 생각을 한 적이 있었습니다. 이유인즉, 제 주변에 있던 남자 선배님 중에서 좋은 성품을 지닌 분임에도 그리 행복한 결혼생활을 하지 못하는 모습을 많이 봤기 때문입니다. 분명, 그 선배님들도 결혼을 결정했을 때는 '더 이상 매일 저녁에 여자친구와 헤어지지 않고 매일 매시간 같이 있고 싶어서'였을 텐데 안타깝게도 제가 본 그때의 어떤 선배님들은 형수님과의 관계가 썩 그리 행복해 보이지 않았습니다. 그 선배들은 주말에 일이 없음에도 불구하고 사무실에 나와서 컴퓨터 고스톱을 치거나 낮잠을 자다가 저녁 무렵에 집에 들어가고 평일 저녁이나 주말에 어떻게든 밖에서의 약속을 잡으려고 했습니다. 그리고, 무엇보다 형수님보다는 애들 때문에 산다는 말을 입에 달고 살았습니다. '저렇게 괜찮은 형님들도 저러한데 나라고 별수 있겠어? 나도 아마 저렇게 살 텐데. 그럴 거면 결혼하지 말고 내 돈으로 내가 내 술 사 먹고 내가 만나고 싶은 사람이나 실컷 만나자' 그때는 이런 생각이 들었던 것 같습니다. (아주 특별한 경우를 제외한 대부분의) 결혼의 목적은 '배우자와의 행복한 삶'일 텐데 다들, 실제로는 어떨까요? 그 목적을 이뤘거나 이루려고 노력하고 있을까요? 아니면, 그 목적을 이루려고 하다 보니 생긴 어떤 '소중하고 세상 하나뿐인 결과'에 천착하고 살고 있을까요? 누가 목적이고 누가 결과일까요? 목적은 무엇이고 결과는 또 무엇일까요? 그 휴대폰 화면에 지금, 누가 있습니까? 그토록 함께 살고 싶고 1시간이라도 더 같이 있고 싶었던 사람일까요? 누구보다 사랑하지만 '자연의 법칙, 확률의 게임'에 의해 나와 만난 사람일까요?

Astronaut's Ball pen of NASA

지난 세기에 미소 양국이 경쟁적으로 우주개발에 열을 내던 때가 있었습니다. 누가 먼저 개, 원숭이를 우주로 보냈느니, 사람을 보냈느니 하면서요. 지금도 마찬가지지만, 우주인들은 우주에 가면 실험을 합니다. 무중력 공간에서 콩을 키우는 등 지구와 다른 환경에서 과학실험을 진행한다고 하죠. 그런데 그때만 해도 PC가 있던 때가 아니라 우주인들은 실험일지를 수기로 작성해야 했는데 우주 공간에서 볼펜은 무용지물이라고 합니다. 원래 볼펜은 중력 때문에 흘러나온 잉크가 볼을 타고 내려와서 종이에 묻어야 하는데 우주에선 중력이 없어서 잉크가 내려오지 않으니까 말이지요. 그래서, *NASA*에서는 1년여의 기간과 백만불이 넘는 비용을 들여서 우주 공간에서 사용 가능한 '우주인의 볼펜'이라는 걸 만들었다고 합니다. 반면, 소련항공우주국에선 하루 만에 이걸 해결했다고 하죠. 그게 가능할까요? 네, 맞습니다. 펜이 아닌 '연필'로 썼다고 합니다. *아마 NASA에선 이렇게 질문했겠죠. '우주에서 쓸 수 있는 볼펜은 어떻게 만들까? 소련에선 이런 질문이 있었을 겁니다. '우주에서 뭔가를 쓸 수 있는 방법은 무엇일까? 과연 어느 쪽이 '합목적적'인 질문일까요?*

피카소와 스티브 잡스

피카소가 우리 인류에게 '세상에 존재하지 않던 새로운 표현법인 입체주의를' 전해주었다면 스티브 잡스는 사실상 우리 손에 '24시간 모바일 라이프'를 전해준 사람이라고 할 수 있지 않을까요? 이런 의미에서 피카소와 스티브 잡스, 둘 다 '크리에이터'라는 점은 확실합니다. 그렇다면 둘의 차이점은 무엇일까요? 피카소가 그림을 그린 이유는 '내 속에 있는 어떤 생각을 표현'하기 위해서일 것입니다. 그게 예술이니까요. 그렇다면 스티브 잡스는 어떨까요? 그가 아이팟과 맥, 아이폰을 만든 이유는 '우리 인류에게 새로운 삶을 선물하기 위해서'가 아니라 '그 물건들을 우리에게 팔기 위해서'일 것입니다. 예술은 나만 생각하면 됩니다. 그리고 목적이 딱히 없어도 됩니다. 자기 돈으로, 자기 집에서, 자기 생각을 마음껏 표현할 수 있습니다. 하지만 비즈니스는, 마케팅과 광고는 다릅니다. 광고주의 비용으로 철저히 '브랜드의 문제를 해결하고 목적을 달성하기 위해 존재합니다. 달성하지 못하면 더 이상 존재할 수 없습니다. 존재해서는 안 됩니다. *예술이 아닌 이상, 우리의 삶은 우리의 모든 행동은 합목적적입니다. 그리고 합목적적이어야 합니다.*

시작은 대청봉, 어느덧 속초

살다 보면, 일하다 보면 자주 겪는 일이 있습니다. 분명히 출발할 땐 대청봉에 오르기로 하고 시작했는데 막상 내가 속초바닷가에 가 있는 그런 일 말입니다. 왜 그럴까요? 설악산은 높고 몸은 힘듭니다. 그런데 등산로에 모기가 많다 보니 살짝 돌아갑니다. 점점 목이 마르고 저기 보니 샘물이 졸졸 흘러서 또 조금 살짝, 햇볕이 너무 쨍쨍하니까 그늘을 찾아서 또 살짝, 호랑이인지 늑대인지 짐승 울음소리가 들려서 무서우니까 또 살짝, '와, 저기 바다다 시원하겠다'고 발을 담그고 앉아보니 문득 생각이 떠오릅니다. 내가 왜 여기 있지? 헬기를 타고 설악산에 올라간다면 아마 이런 일은 없을 겁니다. 내가 어디에서 왔고 어디로 가는지 한눈에 잘 보이니까요. 하지만, 걸어서 산속을 오르다 보면 이런저런 이유가 많이 생깁니다. 그래서 우리는 처음부터 끝까지 항상 끝없이 되뇌고 생각해야 합니다. *난 어디서 왔고 왜 여기에 있으며 어디로 가고 있고 또 어디로 가야 할까?*

'천호식품'과 '선영아 사랑해'

위의 두 광고 모두 당시에 화제를 모았던 광고입니다. 제가 강의에서 물어보면 20대에서 50대까지 두 광고를 모르는 사람은 거의 없을 정도니까요. 많은 광고 책에는 오른쪽 광고가 실려있습니다. 그런데 저는 개인적으로 왼쪽의 광고를 참 좋아합니다. 새로운 기법도, 딱히 놀라운 크리에이티브가 있지도 않지만 훌륭한 광고라고 생각합니다. 그리고 저는 오른쪽 광고는 좋은 광고가 아니라고 생각합니다. 이유는 단 하나입니다. 왼쪽 광고는 광고의 목적을 달성하는 데 기여했거나 성공한 광고입니다. 광고의 힘으로 브랜드를 단박에 전국구 브랜드로 만들었죠. 매출액은 정확히 몰라도 아마 상당히 긍정적인 영향을 미쳤을 겁니다. 그에 반해 오른쪽의 광고를 보여주고 사람들에게 '어떤 브랜드의 광고인지' 기억하냐고 물어보면 대부분이 기억을 못 합니다. 광고는 분명히 확실하게 떴지만 브랜드는 기억도 되지 못할 정도이니 '목적'을 제대로 달성하지 못했을 것입니다. (이는 회사의 사정, 전략, 내외부의 요인 등등 다른 요소가 많이 있겠지만 저는 어디까지나 소비자 관점의 눈으로 본, 제 개인의 생각을 말씀드리는 것입니다.)

목적 VS 결과

■

의도한 것과 의도하지 않은 것

□

광고 일을 하다 보니 문득 알게 된 것이 있습니다. 많은 사람이 '목적과 결과' 이 두 단어를 혼용해서 사용한다는 것을 말이죠. 예를 들어 광고 기획서의 어느 페이지에 '광고 목적'이라고 되어 있고 또 어느 페이지에는 '캠페인의 기대하는 결과' 뭐 이런 식입니다. 둘 다 아직 세상에 나오지 않은 우리 광고의 미래가치에 대해서 이야기하는 것 같은데 이대로 혼용해서 써도 괜찮을까 하고 의문이 들기 시작했습니다. 그리고는 깨달았습니다. 우리의 말과 글에서 혼용하기 쉬운 이 두 개념을 '절대 혼용해선, 혼동해선 안 된다는 것을' 말입니다. 둘의 차이는 단순합니다. 목적은 '의도한 것'이고, 결과는 '(의도했든 아니든) 어떤 것의 이후에 생긴 모든 것'입니다. 둘의 결정적 차이는 '의도'라고 생각합니다. 한번 예를 들어 보겠습니다. A~Z까지 스물여섯 명의 산악회 회원이 대청봉을 오르기로 합니다. A~J까지의 열 명은 대청봉까지 올라갔지만 힘에 부친 열여섯 명은 아쉽게도 포기하고 도중에 내려갔습니다. 이 경우 열 명은 '목적'을 달성한 것이겠지요. 그런데 이 열 명의 몸에 작은 변화가 일어납니다. 각각 500g~2kg 정도의 체중이 줄어든 거죠. 이 감량은 '결과'입니다 의도한 것이 아니니까요. 이번에는 A~Z가

단식원의 회원입니다. 단식원 원장은 버스에 스물여섯 명을 태워 설악산 초입에 스물여섯 명을 내려 놓고 아무것도 먹을 것을 주지 않으면서 이틀 후에 이 자리에서 다시 만나자고 합니다. 개구리를 잡아먹든 풀을 뜯어 먹든 이틀을 버티면 살이 많이 빠질 거라고 하면서요. 역시 이번에도 A~J까지 열 명은 무사히 버티고 이틀 후에 버스를 탔지만 나머지 열여섯 명은 중도에 포기하고 버스를 타고 서울로 돌아왔습니다. 열 명은 목적을 달성했고 기대했던 대로 몸무게도 꽤 많이 줄었지요. 그런데 이 열 명중 네 명은 개구리를 잡고 풀을 뜯으려고 산을 헤매다가 우연히 대청봉에 올랐습니다. 이 경우 이 네 명이 대청봉에 오르게 된 건 '결과'겠지요.

애초에 의도한 것, 그것이 목적입니다. 의도했든 아니든 생긴 모든 것, 그것이 결과입니다. 결과가 목적인 척하는 것을 "본말의 전도"라고 합니다.

■

너무 잘하는 어느 프리젠터의 실패

□

예전에 프리젠테이션 교육을 받을 때 이런 이야기를 들은 적이 있습니다. 반드시 프리젠터는 내용을 모두 숙지해야 하고 처음부터 끝까지 청중과 눈맞춤을 해야 하지만, 그렇다고 스크린을 한 번도 쳐다보지 않고 100% 청중만 쳐다봐도 안 되고, 30% 정도는 스크린을 봐야 한다는 것이었습니다. 그 이유는 모든 내용을 암기하고 단 한 번도 스크린을 보지 않고 PT를 하게 되면 어느 순간 청중들은 내용에 몰입하는 게 아니라 '(마치, 동물원 원숭이를 보듯)신기한 프리젠터를 구경'하게 된다는 것이었습니다. 프리젠터와 프리젠테이션의 목적은 내용을 잘 전달하는 데 있을 텐데, 본말이 전도돼서 PT의 내용이 아니라 프리젠터가 주인공이 되어버릴 수 있다는 것이었습니다. 말을 잘하고 잘 생기고 옷을 잘 입는 것도 좋겠지만 '목적'은 어디까지나 '내용'을 잘 전달하는 데 있음을 계속 염두에 두지 않다 보면 이렇게 엉뚱한 일이 생긴다는 것이겠지요. 가장 중요한 것은, 모든 일에서 가장 중요한 것은 '합목적적'이냐 아니냐입니다. '합목적적'이라는 말은

'목적에 부합하려는'이라는 뜻을 갖고 있습니다. 처음에는 다들 목적을 알고 시작하지만 마치 앞서 말씀드린 등산처럼 걸어 오르다 보면 이런 저런 일을 만나고 겪게 됩니다. 그래서 조금 조금씩 옮기고 이동하면서 가다 보면 '내가 어디로 가려고 했더라?' 하는 일이 자주 발생합니다. 이런 일을 막으려면 계속 생각해야 합니다. '처음에, 내가 어디로 가려고 했더라?'

■

광고쟁이의 세 가지 기쁨 이 중 가짜는 무엇일까요

□

1. 경쟁 PT로 광고주를 영입하는 것 / 2. 광고주 브랜드의 인지도가 조금이라도 높아진 것 / 3. 그리고 대한민국광고대상(혹은 칸 광고제)에서 수상하는 것 / 이 세 가지 중에 절대 광고쟁이의 목적이 되어서는 안 되는 것은 무엇일까요? 네, 맞습니다. 3번은 절대 목적이 되어서는 안 됩니다. 될 수 없습니다. '아이디어를 내고 그것을 기반으로 영상 · 지면 · 프로모션 등 뭔가를 제작하는 것'은 겉으로 보이는 광고의 외향일 뿐입니다. 모든 과정에서 실제 비용을 대는 광고의 주인인 '광고주의 입장'에서 보자면 2억의 제작비가 결코 다가 아닙니다. 그 뒤에는 20억의 매체비가 있고 그 뒤에는 300억의 매출이 있습니다. 즉, 하나의 아이디어가 광고가 된다는 건 단순히 2억을 어디다 쓸지를 고르는 과정이 아니라 300억에 기여할 수 있는 가장 좋은 방법을 고민 끝에 찾는 것입니다. 그래서 2번이 진짜 목적입니다. 유일한 목적이어야 합니다. 3번은 목적의 결과입니다. 결코 목적 자체가 될 수 없습니다.

■

광고제 수상을 위한 광고?

□

모두가 그런 것은 아니겠지만 일부 광고회사에서는 '광고제 수상'을 목적으로 한 광고를 만든다고 합니다. 광고제 트렌드를 분석하고 거기에 맞는 아이디어를 낸 다음, 그 아이디어에 맞는 업종의 광고주에게 찾아가서 '누이 좋고 매부 좋은 일'이니—비용도 같이 대고—광고를 만들어서 출품하자고 제안한다고 합니다. 아마 저나 같이 간 분들이 칸 광고제에서 본 일부의 '낯선 한국 광고'들 또한 이런 사정이 있지는 않았을까요? 다시 한번 말씀드리지만 모든 수상작이 그렇다는 것은 절대 아닙니다. 실제로는 제대로 집행된 적도 없고, 그 정도의 반응이 전혀 있지도 않았는데 마치 그런 것처럼 꾸며내서 결과 영상까지 제출한, 극히 일부의 사례를 말씀드리는 것입니다. 만약 그랬던 광고가 있다면 저는 감히 그것은 광고가 아니라고 생각합니다. 이유는 앞서 말씀드린 '300억을 뒷받침하는 역할'에 대한 기대도 없고, 수많은 대안을 놓고 많은 토의와 협의를 거쳐 선택된 '책임감 있는, 진짜 목적을 가진 합목적적 광고가 아니기' 때문입니다.

■

일제가 깔아놓은 철도에 감사해야 할까요

□

'일본은 우리를 지배했지만, 동시에 우리에게 좋은 것을 많이 가져다주었다'고 주장하는 사람들을 보면 저는 화도 나고 우습기도 합니다. '목적과 결과'라는 프레임으로 보면 '목적'에 의한 행동은 의도가 있으므로 그 의도에 따라 반응을 보이는 게 맞습니다만, 그저 '결과'인 것에는 의도가 없으므로 반응을 보이는 게 의미가 없습니다. 일제가 철로를 깔고 철도시스템을 만든 목적은 오로지 '수탈'과 '효율적인 지배'였습니다. 그런데 그들이 패망한 후 그 결과로서 철도시스템이 남아있는 것이고요. 우리가 감사해야 할 이유는 전혀 없는 것이지요. 만약, 누군가가 교칙이 비정상으로 엄격하고, 교사의 구타가 심한 이상한 학교에 다니다 보니 친구끼리 친해졌다고 합시다. 그 학교에 감사해야 할까요? 의도가 담긴 목적이 아니라 그냥 생긴 결과일 뿐입니다. 일제의 철도처럼 감사하라는 건 넌센스인 겁니다.

■

스티브 잡스의 목적과 결과

□

저도 개인적으로 몹시 존경하는 스티브 잡스가 사망했을 때, 전 세계의 모든 언론은 일제히 그에 관한 기사를 실었습니다. 그만큼 그가 우리의 삶에 끼친 영향은 대단했던 것 같습니다. 누군가는 아인슈타인이나 뉴턴과 동급이거나 혹은 그 이상이라고도 했으니까요. 그로 인해 우리가 사는 이 사회에 모바일 혁명이 일어났다고도, 인류가 한 단계 더 진화했다는 칭송도 있었습니다. 그런데, 그런 영향이 워낙 크고 대단해서 우리는 자칫하면 착각하기도 합니다. 그가 수많은 혁신적인 제품과 서비스를 만든 것이, 마치 우리의 삶을 바꾸고 한 단계 더 업그레이드하기 위해서였다고 말입니다. 하지만 잘 생각해 보면, 그가 그런 제품과 서비스를 만든 것은 오직 하나의 목적은 "(더 많은) 판매"였습니다. 그리고 그에 이어지는 회사의 '성공'이었을 겁니다. 제가 결코, 그의 성과를 폄하하려는 것은 절대 아닙니다. 그러나 목적과 결과를 구분해서 보는 눈을 갖는 것은 '잘 하고 잘 살기' 위해 반드시 필요한 조건입니다. 제가 말하는 것은 그 눈을 가리는 것을 알아볼 수 있는 능력에 관해 말하는 것입니다.

■

제가 결혼한 목적은 무엇일까요

□

설마, 8살쯤 되면 35kg에 웃는 모습이 너무 사랑스럽고 춤, 만들기, 한자 공부를 좋아하는 날 꼭 닮은 남자아이'를 낳기 위해 결혼했을까요? 절대, 아닐 겁니다. 당연히 저는 '이 여자와 오래도록 행복하게 잘 살기 위해' 결혼을 했습니다. 그게 애초에 의도한 목적이었다면 이 사랑스러운 아이는 저희 사랑의 놀랍도록 '멋진 결과'인 것이죠. 그런데 워낙 결과가 멋지다 보면 사람들은 혼동을 하게 됩니다. 마치 애초에 '내가 의도한 것(목적)이 아이가 아니었던가?' 하고 말이죠. 주위에 잘 사는 부부와 그렇지 못한 부부를 한번 생각해 보십시오. 전자는 목적(배우자)에 충실하고 후자는 주로 결과(자녀)에 집중합니다. 어느 쪽인지 추정할 수 있는 힌트 중의 하나가 휴대폰 화면입니다. 그리고 후자의 경우 종종 이런 이야기들을 합니다. "에휴, 내가 애(결과) 때문에 산다, 살아." 어떻습니까? 우리가 일을 잘 하고, 생활을 잘 하기 위해서는 어느 쪽에 집중해야 할까요? 결과가 목적인 척하는 것을 '본말의 전도'라고 한다고 말씀드렸습니다. 본말의 전도가 이렇게 무섭습니다.

A 보험회사 예전 광고 기획서 어디서 구해 볼 수 없을까 ?

A사의 PT가 시작되면 제일 먼저 했던 것은 예전에 누군가가 썼던 A사의, 혹은 A와 같은 업종인 다른 회사의 광고기획서를 구하는 것이었습니다. 아마도 컴컴한 어둠 속에서 뭔가 더듬거리며 시작할 수 있을 거라고 기대했기 때문인 듯합니다. 여기서 기획서의 목적과 존재가치를 한번 생각해볼까요? 저는 기획서는 반드시 그 뒤에 있는 Key Idea를 팔아야만 한다고 생각합니다. 즉, 아이디어가 요리라면 기획서는 취식도구와 같은 것입니다. 아이디어가 '스테이크'라면 기획서는 '포크와 나이프', 아이디어가 '라면'이라면 기획서는 '나무젓가락', 아이디어가 '랍스터'라면 기획서는 '나무망치'여야 한다고 생각합니다. 취식도구가 없어도 음식을 먹을 수는 있지만 음식에 딱 맞는 취식도구가 없으면 절대 제대로 된 맛을 느낄 수도 없고 때로는 음식이 오염될 수도 있습니다. 모든 음식은 그에 맞는 취식도구가 있을 때 비로소 먹는 사람에게 제대로 된 한 끼의 멋진 식사가 됩니다. 세상의 요리가 백 가지라면 취식도구 또한 백 가지여야 합니다. 아이디어는 무한합니다. 그렇다면 기획서 또한 아이디어의 숫자만큼 존재해야 합니다. 기획서는 아이디어에 최적화되어 있어야 하며, 이것이 기획서의 목적이며 존재가치라고 생각합니다. 그런데, 이미 누군가 예전에 써 놓은 기획서를 찾고 본다는 것은 마치 예전에 누군가 '소고기국밥'을 만들었는데 그때 사람들의 반응이 좋았다고 그때 썼던 숟가락과 젓가락을 갖고 와서 그것으로 이번에 우리가 만든 '파스타'를 먹으라고 하는 것과 같지 않을까요? 그런 관점에서 보자면 남의 기획서를 구하는 건 넌센스입니다. '이 아이디어를 팔기 위해 어떤 것을 근거로 제시해야 할까?' 이것이 우리가 해야 하는 질문입니다. 합목적적인 기획서란 팔고자 하는 아이디어에 따라 천변만화할 수 있는, 해야 하는 그런 기획서입니다.

경계해야 할 한 단어

"마음 맞고 좋아하는 사람이어야지 근데 이왕이면 집안도~" "하고 싶은 일은 그게 맞지 근데 이왕이면 연봉도~" "이 회사가 정말 좋지 근데 이왕이면 교통편도~" 이 네 글자가 나오는 순간, 애초의 본질과 목적은 흐려집니다. 뭘 더 집어넣으려면 정말 중요한 것이 흐려지게 마련입니다.

~~이왕이면~~

Q

연봉은 당신의 직업의 목적이 될 수 있을까요

돈이 목적이라면 지금 그 일이 아니라 시간당 급여가 가장 높은 다른 일을 찾아야 합니다. '이왕이면 급여도~'가 되다 보면 생각의 스텝이 꼬이기 시작합니다. 연봉과 급여는 '기대되는 결과'입니다. 우리 삶을 위해 정말 중요한 것이지만 그것이 '목적'을 이길 순 없습니다. 일을 사랑하고 열정적으로 일하는, 그래서 일을 잘하는 당신에게 결과로 따라 오게 되는 것이 바로 '높은 연봉'이라고 생각합니다.

절대 될 수 없고 되어서도 안 됩니다

A

목적을 추구하는 질문이 아니라 바라는 결과에만 집중한 질문들

이 질문들이 Bad Question인 이유는,
합목적적이지 않기 때문입니다.

나랑 성격이 잘 맞고 예쁜데, 집안도 괜찮은 애는 누가 있을까?
하고 싶은 일을 할 수 있긴 한데, 연봉이 … 옮길까 말까?
회사에 도움이 될 칸 광고제에 상을 타려면 어떤 아이디어가 좋을까?
우리 임원들이 광고를 보게 하려면 어디에 광고를 하면 될까?

Bad Question to Good Question

'결과를 추구하는'에서 '목적을 추구하는' 질문으로

B. 나랑 성격이 잘 맞고 예쁜데, 집안도 괜찮은 애는 누가 있을까?

G. 평생 내가 다른 생각하지 않게 해 주고, 나랑 행복하게 잘 살 것 같은 사람은 누구일까?

결혼의 목적은 절대 '재테크'도, 남들 다 하니까 나도 하는 '의무'도 아닙니다. 그래서 힘들고 삐걱거리게 됩니다. 목적을 달성하는데 가장 필요한 사람을 찾아야 합니다.

B. 하고 싶은 일을 할 수 있긴 한데, 연봉이 … 옮길까 말까?

G. 다른 걸 포기하더라도 절대 놓치고 싶지 않은 '진짜 하고 싶은 일'이 과연 뭘까?

이것저것 다 생각하면 결국 아무것도 못 가지게 마련입니다. 특히 연봉이 목적이 되는 순간, 바나나에 길들여진 원숭이가 될 수밖에 없습니다. 그냥 재미로 그림을 그리던 원숭이에게 그림을 그릴 때마다 바나나를 하나씩 줬습니다. 그런데 어느 날 바나나를 안 주었더니 그림을 그리지 않았다고 합니다. 바나나에 길들여지면 안 됩니다. 연봉은 결과입니다. 내가 하고 싶은 일이 목적입니다.

B. 회사에 도움이 될 칸 광고제에 상을 타려면 어떤 아이디어가 좋을까?

G. (상이야 타든 말든) 브랜드가 갖고 있는 그 문제를 해결하려면 뭐가 좋을까?

상이 목적이라면 공모전을 하면 됩니다. 광고주의 돈으로 제작하고 매체에 집행하는 프로페셔널의 광고라면 제삿밥에 관심을 둬선 안 됩니다. 하루하루 시장의 반응, 성과에 목마른 광고주가 알면 얼마나 황당해할까요?

B. 우리 임원들이 광고를 보게 하려면 어디에 광고를 하면 될까?

G. 우리 잠재고객들에게 단 한 명이라도 광고를 더 노출하려면 어디가 좋을까?

회장님이 낚시를 좋아하고 바둑을 좋아하니까 그 채널에 광고를 집행했다는 걸 회장님께서 아시면 뭐라고 할까요? 모기가 물고 햇볕이 따가워도 우리는 대청봉으로 한발씩 올라가야 합니다. 회장님은 그걸 더 좋아하시지 않을까요?

CHAPTER 5

BQ

부럽다, 나도 광고회사 가고 싶은데. 언제 또 뽑는대?
와~ 어떻게 다이어트 성공하신 거예요?
기획서, 잘 쓰고 싶은데 어떤 책이나 강의가 좋을까?
광고하려면 디지털을 알아야 할 것 같은데 무슨 방법이 없을까?

행동하기를 위한 질문이 아니라면 버려도 좋습니다

—

DOING

KNOWING

강사님
정말 감사합니다
열심히
공부하겠습니다

저는 10년째 대학교, 광고 관련 교육기관, 여러 회사에서 광고와 마케팅 관련 강의를 하고 있습니다. 수강생 중에는 늘 맨 앞줄에서 열심히 듣고 열심히 필기하는 고마운 분들이 있습니다. 그분들은 강의가 끝나면 감사하게도 저를 찾아오셔서, 그리고 이메일로 이런저런 강의 관련 감사 인사를 해주십니다. "이런 좋은 내용을 몰랐다가 알게 되어서 너무 좋고 큰 도움이 될 것 같습니다." 그렇게 열심히 하시니 분명히 좋은 성과가 있어야 하는데 안타깝게도 구직이든 성장이든 성과가 잘 보이지 않는 분들을 자주 보았습니다. '왜 그럴까? 가장 열심히 했는데?' 혼란스러웠던 저는 무언가 알게 되었습니다. 그분들은 제 강의를 듣고 몰랐던 사실을, 그분들이 보기에 썩 괜찮은 지식을 알게 되어 기뻐하셨고 열심히 공부하신 것도 맞습니다. 몰랐던 어제에서 알게 된 오늘로 넘어온 것입니다. 그렇다면 그분들의 어제와 오늘 사이의 간극은 즉, 다시 말해서 모르는 것과 아는 것 사이의 차이는 과연, 얼마나 되는 걸까요?

NOT KNOWING

DOING IS ALL

진짜 큰 차이를 만드는 것은 '하는 것' 뿐입니다

SK그룹 공채 신입사원들을 대상으로 강의를 하러 간 적이 있었습니다. 맨 앞에 앉아서 눈을 반짝이며 네 시간여의 강의시간 동안 제가 하는 거의 모든 이야기를 받아 적는 친구 A가 있었습니다. 그리고 신입사원 교육이 피곤해서 그랬겠지만 맨 뒷줄 앉은 친구 B는 졸고 또 졸고 있었습니다. 강의 후에 문득 이런 상상을 했습니다. A는 4시간 동안의 제 강의내용을 열심히 듣고, 필기까지 다 했으며 내일부터 그 내용을 하루에 한 번씩 100번을 보고 공부합니다. 결국 제 강의를 달달 외울 정도에 이릅니다. 졸던 B는 필기는커녕 제가 강의 때 얘기했던 100가지 이야기 중에 잠깐 깨서 딱 하나만 듣고 나머지는 보지도 듣지도 못했습니다. 그런데 B는 내일부터 그 한 가지를 실천하고 당장 행동에 옮기기 시작합니다. A와 B중, 누가 변화할까요? 누가 성장할까요? 누가 원하는 것을 얻을까요?

KNOWING IS NOTHING

Knowing is Nothing
Doing is All

정말
모르는 것일까요?
아니면
하지 않는 것일까요?

다이어트 하는
좋은 학점을 받는
광고회사에 입사하는
소비자의 진짜 생각을 읽는
기획서를 잘 쓰고, PT를 잘하는
브랜드를 크고 멋지게 성장시키는

방법을

대체 저에게 무슨 일이 있었을까요?

Alcoholic 광고쟁이의

2000년 9월에 직장생활을 시작하면서 대략 1년에 1kg 정도 살이 붙기 시작했던 것 같습니다. 1년에 350일 이상을 매일 저녁이면 회사든 집에서든 꼭 술을 마셨고 학교 다닐 때에 비해 운동량은 현저하게 줄어들었기 때문이겠죠. '헬스장. 일주일에 3번 가자' 했다가 바쁘고 회식이 생겨서 2번 밖에 못 가게 되면 '다음 주에는 꼭 4번 가자'라고 다짐은 하지만 결국 다음 주에도 2번을 가다가 그 다음 주엔 1번을 가게 됩니다. 외근은 회사 차 아니면 택시를 타고 회식은 늘 열량이 철철 넘치는 안주를 즐겨 먹었습니다. 10년 차 즈음부터는 집이든 목욕탕이든 (아주 가끔 가는) 헬스장에서든 체중계에 올라가지 않기 시작했지요. "굳이" 괴로운 '체중 증가 현상'을 눈으로 확인할 필요가 없겠다는 그런 심정이었을 겁니다. 결혼하고 아이가 태어나고 살도 점점 더 붙어가고 옷도 한 사이즈, 혹은 두 사이즈를 늘려서 입어야 하는 상황이 되었지만 '내 나이가 얼만데~ 이건 자연스러운 현상이야 다들 그래'라며 스스로를 위안해주고 위로해 주면서 살았던 것 같습니다. 두 달간 매주 주말이면 신나게 캠핑을 갔던, 그래서 점심도 술, 저녁도 술이었던 재작년 5월의 어느 날, 정말 몇 달 만에 체중계를 꺼냈을 때의 마음은 '그래, 아무리 그래도 가~끔 운동도 하고 하니까 85 정도 될 거야~'라는 마음이었습니다. 하지만 막상 제가 본 숫자는 "89.8". 눈을 의심하고 체중계를 의심하고 몇 번을 내려왔다가 다시 올라가면서 다시 재 봤지만 여전히 숫자는 "89.8"이었습니다. 10kg만 더 붙으면 소위 말하는 0.1t이구나… 망연자실했습니다. 그리고 화가 났습니다. 너무 화가 났습니다. 스스로에게 화가 났습니다. 친한 동생이나 후배가 살이 좀 찌면 그에게 핀잔을 줬던 저에게 화가 났고, 어쩌다 오랜만에 만난 친구, 선배가 '왜 그렇게 살이 쪘냐'라고 제게 물어보면 돌아서서 그 사람들에게 화를 냈던 저에게도 화가 났습니다. '80kg 중반이지만 난 뚱뚱하진 않아, 거울을 봐 괜찮네. 세상을 봐. (잘 찾아보면) 나보다 뚱뚱한 애들이 세상에 수두룩해~' 저는 그간 이렇게 자위하면서 살아왔던 겁니다. 그렇게 스스로를 지켜 주었던 마음의 성벽이 90kg (200g 모자란^^;)이라는 숫자에 와장창 무너진 거죠. 그리고, 그때 마침 '어마 무지하게 살이 쪘던 어떤 옛날 아이돌이 20kg 이상을 감량하고 리즈시절로 돌아온 사연'이 인터넷에 화제가 되었습니다. 이 기사도 제게 많은 자극이 되고 자존심(?)에 상처가 되었던 것 같습니다. 저렇게 독하기는커녕 마냥 사람만 좋아 보이는 것처럼 생긴 친구도 성공하는데 너는 뭐하냐는 마음이었죠. 그래서 그때부터 생활을, 모든 것을 바꿔나가기 시작했습니다. 일단, 무식하게 '매일 운동하기'를 시작했고 점심은 샐러드나 닭가슴살, 고구마, 바나나였습니다. 그리고 매일 하루에 최소 2번 이상 체중계에 올라가서 '심각한 상황'을 눈으로 확인했습니다. 헬스장을 갈 수 없는 주말이나 휴가 때는 헬스장에서 뛰었던 양만큼 산, 바다, 들판에서 매일 뛰었습니다. 에스컬레이터, 엘리베이터는 지금도 안 타고 있습니다. 1~2km 정도 거리의 미팅은 시간만 있다면 혼자서 걸어 다녔습니다. 술은 그 전과 다름없이 매일 마시고 있습니다. 인생의 즐거움이라~^^ ; 탄수화물 안주만 안 먹으려고 하죠. 75는 딱 한 번 찍었고 현재는 76~77kg 사이입니다. 엉뚱하게도 목적은 다이어트였는데 결과로 '운동 중독 & 운동 집착증'이 생겼습니다. 그리고 제 다이어트 전쟁은 3년째 아직 진행 중입니다. 제 다이어트 이야기에서 혹시 놀라운 '다이어트 비법'이나 새로운 '다이어트 노하우'가 보이시나요? 아마 이 이야기에서 보실 수 있는 건 단 하나일 겁니다.

비법은
어디에도 없습니다
Knowing만은
아무짝에도 쓸모없습니다
우리 인생에서
중요한 것은 결코
'Know-How'가 아니라
'How Much'라고
생각합니다

Doing is All

Doing is All

■

PT를 잘할 수 있는 유일한 방법

□

세상에 있는 많은 PT 스킬과 관련 강의, 이론, 책들을 꺾을 수 있는 단 하나의 방법, 그것은 오직 "해 보는 것"뿐입니다. 자전거, 운전과 똑같습니다. '해 본 사람'이 잘하게 되어있고 '많이 해 본 사람'이 무조건 제일 잘하게 되어있습니다. 우리가 직장을 다닐 수 있는 나이가 정해졌다고 생각해 봅시다. '가장 많이 해 보기' 위해서는 어떻게 해야 할까요? 하루라도 빨리해 봐야겠지요. 그래야 한 번이라도 더 해볼 수 있을 테니까요. 남들보다 빨리 시작해야, 많이 해 볼 수 있게 되고, 많이 해 본 사람은 자신의 부족한 점과 고쳐야 할 점, 남들에게 없는 장점을 알게 될 겁니다. 결국, '가장 잘하는 사람'이 되는 겁니다. 강의 때 제가 여기까지 이야기를 해 드리면 모든 분들이 고개를 끄덕이고 수긍합니다. 그런데, 저는 이어서 이런 질문을 드립니다. "자, 그럼 다음 시간에 자발적으로 기획서를 써 와서 5분가량 PT해 볼 사람?" 어떤 상황이 벌어질까요? 네, 맞습니다. 많아야 열 명에 한 명이 손을 듭니다. 심한 경우는 30명 중에서 아무도 손을 들지 않습니다. 이상하지 않나요? 분명히 제가 '무조건 해 봐야 잘한다, 한 번이라도 더하면 더 잘하게 된다, 그러려면 하루라도 빨리해 봐라'고 얘기했을 때는 '머리로 완벽하게 이해하고 알고' 있던 분들이 왜 아무도 손을 들지 않은 걸까요? 아마—저를 포함한—우리는 '튀지 말고 중간만 가라'는 이야기를 늘 들어왔고 그렇게 해왔기 때문일 겁니다. 더군다나 남들 앞에서 뭔가 써서 발표한다는 건 상당한 에너지가 필요한 몹시 부끄러운 일이니까요. 단지, PT스킬 만이 아니라 다른 일들도 그런 게 아닐까요? 우리는 너무 많은 것에서 잘 알기만 하는 것에 그치는 것이 아닐까요? 세상에 공짜가 있을까요? 배불러지고 싶다면 더 먹어야 하고 똑똑해지고 싶다면 책을 읽어야 합니다. 뭔가를 더 잘 하고 싶다면 지금 바로 Doing 하면 됩니다. 해야 합니다.

■

Want - Know - Do

□

어떠한 일이라도 결국은 Want-Know-Do 이 3단계로 구성되어 있습니다. 뭔가를 간절히 바라고, 어떻게 하는지 알게 되고, 실제로 해 보거나 하는 것. 그러나 상당히 많은 경우, 대부분의 사람들이 집중하는 건 오직 'Know'라는 것입니다. Know에 공을 들이는 에너지에 비해 Want와 Do에 대해 쏟는 에너지는 너무 적었습니다. 이 심각한 비대칭이 꽤 많은 순간, 우리에게 문제를 가져온다는 것을 알게 되었습니다. 지식과 관념, 정보와 아이디어만으로 할 수 있는 일이 뭐가 있을까요? 과연 있기는 한 걸까요? 어느 스타트업의 대박 소식을 술집에서 뉴스로 보던 A가 말합니다. "이야~ 저거 나도 진작에 생각한 건데~ 아깝다." 글쎄요, 제 생각은 좀 다릅니다. 전혀 아까워 보이지 않습니다. 그 대박 난 스타트업의 대표와 A의 차이가 보이시나요?

생각하거나 알거나 말하거나 행동하는 네 사람의 이야기

1. 기획서를 잘 써야겠다고 생각하는 사람
2. 그리고 기획서를 잘 쓰는 방법을 알게 된 사람
3. 그리고 그 방법을 말하는 사람
4. 마지막으로는 그 방법대로 행동하는 사람

자, 네 명 중에 누가 기획서를 잘 쓰게 될까요? 기획서라는 단어의 자리에 여러분이 하고 싶어 하는 일, 잘 해야 하는 일을 넣어 보시기 바랍니다. 여러분은, 여러분의 조직은 네 명 중 어떤 사람입니까?

당신은 생각합니까, 압니까, 말합니까 아니면 행동합니까?

사람은 지금 당장 범도 잡고 별도 따고 산도 옮길 수 있습니다. '생각과 지식과 말로는' 무언들 못하겠습니까? 실제로 바뀌는 게 없어서 그럴 뿐이지요. 진짜 범을 잡고 별을 따고 산을 옮기는 사람은 오직 한 명뿐입니다. '행동하는' 사람입니다. 생각은 소중합니다. 앎은 시작입니다. 말은 나누고 더합니다. 하지만 그리 큰 비용이 들지 않습니다. '행동'에 비하면 말입니다. 우리는 늘, 비용을 치르는 만큼 무언가를 얻게 되어 있습니다.

■

문제와의 직면 Doing이 시작되는 곳

□

우리는 '문제'를 몰라서 해결하지 못하는 경우도 있지만 많은 경우 우리는 '문제의 존재'를 알고 있지만 애써 피하고 모른 척하는 경우가 많습니다. 마치, 제가 1년씩 차곡차곡 살이 찌는 동안 점점 체중계와는 거리를 두었던 것처럼요. 작년에 산 예쁜 바지가, 셔츠가 안 들어가면 '살이 찐' 겁니다. 하지만 저는 '살도 뭐 조금 쪘겠지만 그것보단 옷감 자체가 줄어드는 성질이 있고 빨래하는 방식이…' 라고 했을 겁니다. 해결하기 녹록지 않은 문제는 회피하고 싶은 것이 인지상정이니까요. 어떤 만화책에 이런 구절이 나오더군요, '눈앞에서 날아오는 돌에서 시선을 돌려서 바뀌는 건 오직, 안 보인다는 것뿐이다.' 문제와 대면하고 문제를 직시해야만 'Doing'에 대한 강력한 이유가, 동기가, 에너지가 생깁니다. 차곡차곡 쌓인 살과, 기대했던 것보다 훨씬 못 쓰는 내 기획서 능력과, 얼굴에 빨간 꽃이 피고 말을 더듬기까지 하는 내 PT와, 내 브랜드의 잠재고객들에 대해 너무나 모르는 내 수준과, 세상은 온통 디지털인데 나는 전통매체 광고 밖에 아는 것이 없다는 사실과 직면해야 합니다. 아프다는 걸 인정해야 약을 먹고 치료를 해야 결국 건강을 회복할 수 있습니다. 있는 그대로의 나와 직면하고 대면해야 합니다. 거기서 비로소 Doing이 시작될 수 있습니다.

■

전설적인 광고와 전설적인 에피소드

□

"60마일로 달리는 이 신형 롤스로이스 안에서 들을 수 있는 가장 큰 소음은 전자시계 소리 뿐입니다"

현대 광고의 아버지 '데이비드 오길비'경의 전설적인 광고입니다. 그가 이 카피를 어떻게 썼는지에 대한 흥미로운 에피소드가 있습니다. 그는 아이디어를 찾기 위해 롤스로이스와 관련된 많은 사람을 만나고 자료를 모으고 조사했는데 그중에는 수백 페이지의 '신형 롤스로이스의 수리를 위한 매뉴얼 북'이 있었다고 합니다. 그는 아마 그 매뉴얼 북을 봤나 봅니다. 그 매뉴얼 북에 있던 '이 차는 60마일로 달릴 때조차도 소음이 거의 없어 가장 큰 소음이 전자시계 소리 정도이다'라는 문구를 찾아내, 이걸 다듬어서 이 전설적인 광고의 헤드라인으로 사용하게 됩니다. 이 에피소드는 'Input이 달라야 Output이 달라진다. 광고를 남들보다 잘 만들고자 한다면 제품에 관한 정보를 누구보다 깊이 있게 찾고 파고들어라. 광고주가 주는 오리엔테이션 자료 정도로 만족해선 안 된다. 누구나 찾아볼 수 있는 자료를 넘어선 더 깊고 상세한 자료를 찾아서 봐라'는 교훈을 줍니다. 이런 에피소드가 어디 이것 하나뿐일까요? 영국에만 있을까요? 아마 수많은 책에도 있고 선배들의 이야기에도 수없이 많을 겁니다. 우리가 얻을 수 있는 교훈은 지천에 널려 있습니다. '방법'을 아는 것은 생각보다 훨씬 쉽습니다. 그런데, 오길비의 롤스로이스 수준으로 어마어마한 깊이와 넓이로 자료를 찾아보고 실제로 Input을 다르게 해 본 사람은 과연 얼마나 될까요? 이것이 Knowing과 Doing의 차이라고 생각합니다.

■

1 Different or 1 More & 1 More

□

'Doing이 중요한 줄은 알겠고 나도 해 보려는데 당장 어디서 어떻게 시작해야 할지 모르겠다'라는 분들이 있습니다. 뭔가 처음부터 크고 거창하게 Doing 해야 할 것 같고, 그게 뭔지 모르겠다고 이야기하십니다. 그러면 저는 이렇게 해 보라고 말씀드립니다.

"하나를 하더라도 남과 다르게 Doing 하세요. 그래야 결과가 달라질 테니까요. 그런데 만약, 도저히 다르게 할 방법을 못 찾겠거든 남들보다 하나를 더 하세요. 그래도 안 되겠거든 하나를 또 더 하는 겁니다."

Bite Your Work

아이디어 30개 100개 그리고 300개

제가 카피라이터는 아닙니다만, 국내 최고의 CD님 중 한 분께 '카피를 잘 쓰는 방법'을 들었습니다. "카피를 잘 쓰게 되는 방법은 카피를 많이 써 보는 것"이라고 말입니다. 첫날 30개의 헤드라인을 썼는데 그중에 베스트가 없다면 100개를 써야 한다. 그런데 100개 안에도 없다면 다시 300개를 써야 한다는 말씀이었습니다. 왜 그럴까요? 나의 베스트 아이디어가 첫 30개 안에 '나와 주면' 얼마나 고맙겠습니까? 그런데, 그 베스트 아이디어는 31번에 나올 수도 있고 131번일 수도, 459번에 나올 수도 있습니다. 그렇기 때문에 아직 안 나왔다면 더 많이 써 봐야 '그것'을 찾을 가능성을 높일 수 있기 때문입니다. 무식한 방법이 아니냐고요? 아니요. 이 방법이 맞는 방법이라고 저는 생각합니다. 훌륭한 야구선수, 축구선수들을 보십시오. 자세에 대한 깊은 연구, 경쟁 팀에 대한 냉철한 분석도 중요하지만 종목을 넘어서 탑 레벨 선수들의 공통점은 "매일, 무식할 정도로 많은 회수의 정해진 훈련을, 반복하고 또 반복"하는 것입니다. 저는 우리의 일도 그들과 크게 다르지 않다고 생각합니다. 카피도 많이 쓰면 좋은 걸 찾을 수 있고, 많이 써야 그 사람의 실력이 쌓입니다. 기획서도, PT도 같습니다. 하나의 프로젝트에 더 많은 고민을 통해 마지막까지 한 페이지라도 더 만지고 다른 식의 논리 전개가 없는지 고민하면 더 좋은 기획서가 나옵니다. 그런 경험이 쌓이면 고스란히 그 사람의 실력으로 쌓이게 됩니다.

■

진짜 변화를 만드는 것, "매일매일"

□

저도 제가 살면서 '다이어트'라는 걸 하게 될 줄은, 달리기와 걷기를 이렇게까지 좋아하게 될 줄은 상상도 못했습니다. 아무튼, 앞서 말씀드린 것처럼 재작년 5월에 깜짝 놀라서 다이어트를 시작했었습니다. 매일 운동하고 한 끼는 매일 다이어트식을 먹고 매일 몸무게를 쟀는데 처음 보름은 하루에 1~200g이라도 조금씩 줄어드는 것 같더니 그 이후로는 좀처럼 체중이 줄지 않았습니다. 숫자로 보이질 않으니 재미도 없고 힘도 들고 배도 고프고… 여러모로 어려운 타이밍이 찾아왔는데 다시 포기하려니 여기까지 온 게 아까워서, 다른 대안이 없어서 계속했습니다. 살면서 이렇게까지 오랫동안 꾸준히 안 쉬고 꾸준히 한 건 '담배와 술' 외엔 없었구나 할 정도였습니다. 계기가 되어 준 체중계의 충격이 그만큼 강력했기도 했고요. 운동이 몸에 붙고, 식사법도 정착되고 라이프스타일 자체가 서서히 변하면서 어느 순간을 넘어가자 다시 조금씩 아주 조금씩 살이 빠졌습니다. 그리고 1년여가 지나서 드디어 목표했던 10kg 감량에 임박했고 이즈음 제가 와이프에게 이렇게—별것 아니지만 거창하게^^;— 말했습니다.
"만약, 세상에 진리라는 이름의 용이 있다면 내가 그 용의 꼬리나 발톱을 만져본 것 같아. 그건 바로 '매일매일'인 것 같아"라고 말입니다. 이틀을 굶고 3kg를 빼는 건 쉽습니다. 정말 어려운 건 '하루에 100g을 감량하되 그걸 매일 하는 것'일 겁니다. 진짜 변화를 만드는 건 당연히 후자입니다. 세상의 모든 일이 그런 것 같습니다. 성장하고 발전하길 바란다면 '매일매일' 하는 수밖에 없습니다.

Enemy of Doing

■

앎의 저주

□

안다는 것 자체가 문제일 리 없습니다. 기술을 정보를 지식을 더 많이 아는 것은 훌륭한 일입니다. 그런데 우리가 Knowing을 경계해야 하는 이유는 Knowing이 자주 'Just Knowing'으로 끝나기 때문입니다. 몰랐던 상태에서 뭔가를 아는 상태가 되면 안도감이 들게 됩니다. 뭔가 다른 사람들은 갖지 못한 보물을 손에 쥔 것 같고 뭔가 대단한 것을 해낸 것 같습니다. 그러다 보면 Knowing에 대한 만족감은 'Doing을 해야 한다'라는 생각을 미처 못하게 막아 버립니다. 그래서 단지 알기만 하는 'Just Knowing' 상태가 되게 되는 것입니다. 앞에서 말씀드린 '리싸이클링 운동'이 진짜 '지구환경 보호'를 방해하는 것과 같은 이치입니다. 아직 실제로는 아무것도 먹지 못해서 배가 고픈 상태임에도 불구하고, 메뉴판의 먹음직스러운 사진과 설명만 보고 배가 부르다고 착각하는 것과 같은 일입니다. 식당에서 우리가 메뉴판을 보고 만족하지 않고 주문하는 것처럼, 다른 일에서도 아는 데서 끝나지 않고 행동해야만 결국 원하는 것을 얻게 됩니다.

■

Doing Dilemma

□

'무엇이든 어떤 일이든 한 번이라도 더 많이 해 보고, 조금이라도 빨리해 봐야 잘 할 수 있다'라는 것은 사실 누구나 알고 있는 상식입니다. 이 이야기를 듣고 아무도 '아니'라고 할 사람이 없을 정도죠. 자, 그런데 PT든 기획서든 혹은 다른 일이든 간에 "나와서 스스로 자발적으로 해 볼 사람/써 올 사람/볼 사람'이라고 물어보면 다들 망설입니다. 저는 이 현상을 'Doing Dilemma'라고 부릅니다. 우리는 왜 그럴까요? 머리로는 이해하고 있는데 마음과 몸이 따로 노는 걸까요? 아니면 다수 속에 있을 때 마음이 편하기 때문일까요? 아직, 내 눈앞에 강력한 동기가 있지 않아서일까요? 이유는 조금씩 다르겠지만 이유가 중요한 것은 아닙니다. 타개하는 것이 중요합니다. 스스로에게 있는 이런 모순을 알고 깨닫고 적어도 나만은 그 모순을 타파하려고 하느냐, 아니냐가 중요한 것이라고 생각합니다. 딜레마에 빠져있다고 누군가가 손을 뻗어 나를 꺼내주는 일은 없습니다. 내가 어디에 있는지 직시하고 만약 그 속에 있다고 판단되면 혼자서 나와야 합니다.

■

7전 7승의 유일한 길 100 vs. 1000

□

SK플래닛에 몸담고 있을 때, 제가 기획서를 작성하고, 프리젠테이션 했던 7개의 경쟁 PT는 감사하게도 모두 수주하는 데 성공했습니다. 회사에서 어떤 후배가 제게 비법을 물어본 적이 있습니다.

"남들이 경쟁 PT할 때, 100을 준비하면 우리는 150, 200이 아니라 그냥 1000을 준비해."

PT 승리에 비법이 있을까요? 저는 그 원리가 다이어트와 똑같다고 생각합니다. 열 걸음 걸은 날보단 백 걸음을 걸은 날이, 백 걸음 걸은 날보단 천 걸음을 걸은 날 살이 더 빠지듯이 PT를 준비하는 팀이 똘똘 뭉쳐서 '100의 Doing'이 아니라 '1000의 Doing'을 준비하면 100을 준비했던 PT보다, 100을 준비한 다른 팀들보다 더 이길 확률이 높아지는 것이 아닐까요?

광고 PT를 하는데
제품, 서비스를 제대로 알고
이해해야 하는 건
기본 중 기본이지!

누구나 아는 이야기,
누구도 아니라고 말 못 할
당연한 이야기입니다

실제로는 어떨까요?

혹시, 쉽게 이해되십니까?
어떤 서비스인지 감이 오시나요?

CESCO FS
세스코식품안전

세스코FS 서비스 개요 : 세스코의 식품안전 전문가가 방문하여 식품조리, 가공 및 제조에서 발생할 수 있는 잠재위해요소를 크게 7대 분류로 진단하여 즉각적인 솔루션을 제공하고, HACCP 인증을 취득할 수 있도록 합니다.

'세스코FS(현. 세스코 푸드)'는 주위에서 많이 볼 수 있는 일반 '세스코(해충방제)'와 달리 요식업체를 대상으로 하는 B2B 서비스인 데다 이런 서비스를 한 번도 본 적이 없다 보니 저도 오리엔테이션을 받고, 세스코 내의 여러 많은 직원분들을 만나고 인터뷰했지만 아무리 설명을 들어도 솔직히 확 와 닿지는 않았습니다. 원래 그런 특징이 있는 서비스이니까 포기하고 이 정도만 이해하고 그냥 아이디어를 낼까요?

실제 서비스를 봐야 제대로
이해하고 좋은 게 나오지 않을까요?

찾고, 부탁하고, 조르고, 양해를 구해서 1시간 30분간 직접 서비스를 보았습니다

'주방위생 점검'이 주목적인 서비스라서 불시에 고객의 식당을 방문해서 점검합니다. 경기도 어느 세스코 대리점 담당자분께 부탁하고 부탁해서 'A시 B식당에 언제 갈 예정'이라는 말씀을 듣고, 당일 미리 그 식당에 가서 일단 밥을 사 먹었습니다. 식사 후 계산하면서 매니저에게 자초지종을 설명했고, 그리고 식당 사장님과 통화를 해서 양해를 구했습니다. 조금 있다 오신 세스코 위생전문가분들께도 다시 한번 감사의 말씀을 드렸습니다. 쥐 죽은 듯 조용히 1시간 30분간 서비스의 수행을 관찰했습니다. 수백 가지의 주방 위생항목을 점검하고 기기로 검사하는 모습을 눈앞에서 직접 보았습니다. 직접 눈으로 보니, '엄격하고 확실한, 정말 좋은 서비스구나'라는 확신이 들었습니다. 또 확신하게 된 한 가지는 'PT를 준비한 6개 광고회사 중에 실제 이 서비스를 눈으로 본 건 오직 우리뿐일 테니, PT때 살아있는 생생한 이야기를 할 자신이 생겼다'는 것이었습니다. 결국, 열정적인 기획과 더 열정적인 제작팀이 함께 힘을 합친 결과, 세스코FS를 수주하게 되었습니다

숲을, 좋아하세요?
숲을, 좀 아시나요?

네, 저도 뭐 딱히, 그다지… 그랬습니다.
하루하루 일상을 바쁘게 살아가는 여유 없는 대부분 우리에게
'숲'이란 그저 머릿속에 관념으로나 존재하죠.
초등학교 때 소풍 장소 정도로 멀고 막연한 존재였습니다.
어느 날, 국가대표 공익캠페인 '우리강산 푸르게 푸르게'
경쟁 PT를 하게 되었습니다.
숲이 여전히 막막하고 막연하던 날
숲 속 깊숙이 들어가 보았습니다.

2014.01.19 일요일 a.m. 7:00
개운산 숲 체험(서울시 운영 프로그램)

숲 해설사 할머니, 초등학생 남매와 엄마 그리고 우리 팀 3명
리기다소나무, 조선소나무, 솔잎개수와 수종
도토리와 새집, 겨울잠의 속사정, 숲 속 그들만의 한겨울 조용한 전쟁
:
'우리강산 푸르게 푸르게'가 국민들의 인식 속에 존재하는 공익캠페인 브랜드라면 아마 제품은 우리나라 방방곡곡의 숲일 겁니다. 제품을 깊숙이 제대로 알고 싶어서 어느 1월의 일요일 새벽에 함께 한 숲 체험. 그날 이후로 숲은 우리에게 관념이 아니라 실체로 다가왔고 재미없는 자연이 아니라 흥미진진한 플레이스가 되었고 의미 없는 공간이 아니라 우리 삶의 힐링이 될 수 있겠단 생각이 들었습니다. 직접 숲을 체험한 우리 팀과 '하나를 더 드리면 열을 더 만들어 내려고 해 주셨던' 열정 최고인 제작팀이 함께 똘똘 뭉쳐서 30년간 대행했던 광고회사를 저희로 바꾸는 데 성공할 수 있었습니다.

0, 1, 100
세 숫자 중 더 가까운 두 숫자는 무엇일까요?

0과 1은 '1의 차이'가, 1과 100은 '99의 차이'가 납니다.
그래서 언뜻 보면 0과 1이 더 가까운 듯합니다.
'Doing is All'의 눈으로 한 번 볼까요?
0은 아는 건 얼마나 많은지 모르겠지만, 아직 제자리에 가만히 있습니다.
0은 그야말로 Nothing입니다. 하지만 1은 움직이기 시작했습니다.
Doing을 시작했습니다. 그래서 1은 언젠가, 어쩌면 생각보다
빠른 시점에 가장 이상적인 100의 Doing이 될 수도 있습니다.
셋 중에서 가까운 둘은 1과 100입니다.
0은 언제까지나 아무것도 될 수 없지만
1은 언젠가 100이 될 수 있기 때문입니다.
자신을, 주변을, 세상을 바꾸는 것은
KNOWER가 아니라 오직 DOER뿐입니다.
누구로 살 것인지 선택은 우리의 몫입니다.

집에서 가장 가까운 도장을 찾아 입관하는 것

청담 검도관 박성주 관장님이 어느 날 제게 이런 이야기를 해 주셨습니다. 전설의 무도인 최배달에게 누군가가 물었다고 합니다. '선생님처럼 강해지려면 어떻게 수련해야 하나요?' 그랬더니 최배달 선생이 그랬다고 합니다. "집에서 가장 가까운 도장을 찾아서 입관해라" 가까우면 자주, 그리고 매일 갈 가능성이 더 커지니까요. "매일 수련할 수 있는 환경을 조성하고, 그런 조건을 만들어주라"는 것이겠지요. 매일매일의 DOING을 위해 의지를 강하게 하는 것도 필요하지만 '다른 질문, 다른 방법'을 통해 '내가 매일매일 할 수 있게끔' 만들어 주는 것도 필요합니다. 매일 30분 거리의 헬스장에 가서 운동을 하는 건 어렵겠지만 매일 전철역 하나의 거리를 매일 걷는 건 좀 쉽습니다. 기획서를 하나씩 써 보긴 어렵겠지만 매일 광고 하나를 정해서 리뷰를 써 보는 건 좀 쉽습니다. 당신이 가진 목표를 달성하기 위해 당신만의 '가장 가까운 도장'을 찾아서 매일매일 DOING 해 보시면 어떨까요?

(남은 평생 다이어트를 해야 할 것 같은 저의 현재 가까운 도장은 17층 아파트인 저희 집입니다. 하루에 2~3번은 걸어서 내려가거나 올라오는 것 같습니다. 처음엔 '이게 될까?' 했는데 휴대폰을 보면서 슬슬 오르락내리락하면 생각보다 금방입니다. 가장 가까워서 가장 하기 쉽습니다.)

무엇을 할것인지가 아니라 무엇을 알것인지에 관심을둔 질문들

이 질문들이 Bad Question인 이유는,
무엇을 할 것인지에 관한 것이 아니기 때문입니다.
부럽다, 나도 광고회사 가고 싶은데. 언제 또 뽑는대?
와~ 어떻게 다이어트 성공하신 거예요?
기획서, 잘 쓰고 싶은데 어떤 책이나 강의가 좋을까?
광고하려면 디지털을 알아야 할 것 같은데 무슨 방법이 없을까?

Bad Question to Good Question

'Knowing'에서 'Doing'을 위한 질문으로

B. 부럽다, 나도 광고회사 가고 싶은데. 언제 또 뽑는대?

G. 하루에 카피를/역브리프를 몇 개씩 써보면 좋을까? 50개? 100개?

세상의 어떤 회사도 '우리 회사를 좋아하니까', '우리 회사에 입사한 친구를 부러워하니까'라는 이유로 직원을 뽑지는 않을 겁니다. 회사에서 필요로 하는 역량, 태도의 수준이 있다면 그 수준을 넘어설 수 있게 준비해야 합니다. 1000:1이라도 뽑힐 사람은 뽑히고 1:1이라도 안 뽑힐 사람은 안 뽑힙니다.

B. 와~ 어떻게 다이어트 성공하신 거예요?

G. 차를 두고 자전거를 타고 다닐까, 두 정거장 전에 내려서 걸어 다닐까?

세상에 다이어트 방법은 만 가지 정도 있을 겁니다. 그리고 당신은 오늘도 출퇴근 시간에 이러저러한 이유로 엘리베이터, 에스컬레이터를 탑니다. 이게 다이어트의 모순입니다. '어떤 방법'이 아니라 '얼마나 많이 움직이고 얼마나 덜 먹고'입니다.

B. 기획서, 잘 쓰고 싶은데 어떤 책이나 강의가 좋을까?

G. 본부장님, 팀장님이 휴가라고 하시던데 이번 PT를 제가 한번 해 보면 안 될까요?

100권의 기획서 작성법 책을 읽은 A보다 훨씬 더 잘 쓰게 되는 건 '팀장의 휴가로 자리를 비우는데 이번에 기획서 쓰고 PT해 볼 사람 혹시 없어?'라는 말에 손을 든 B입니다. 아는 건 누구나 합니다. 하는 건 아무나 못 합니다.

B. 광고하려면 디지털을 알아야 할 것 같은데 무슨 방법이 없을까?

G. 구글 코리아 전화번호 몇 번이야? 뭐라고 하면 와서 매체 세팅에 대해 가르쳐 줄까?

우리가 지금의 전통광고를 잘 하고 잘 알게 된 건 아주 작은 것부터 익혀왔기 때문일 겁니다. 디지털을 잘 아는 사람을 뽑을 거면 디지털에 대해 잘 모르는 나의 자리는 잘 아는 사람에게 내줘야 합니다. 디지털이 필요하다면 당신이 공부를 해서 무기로 장착해야 합니다.

CHAPTER 6

BQ

결혼해도 친구는 만나고 싶은데 가족들은 빨리 오라하고… 어떡하지?
모델이 이 콘티로는 절대 안 한다는데 어쩌지? 광고주한테 뭐라고 하지?
기획서는 거의 다 썼고, 제작물시안은 언제 준대?
A 아님 B라고? 어떡하지? A는 배신이고 B는 복을 차는 건데?

상상력을 가진 질문이 창의적인 결과를 만듭니다

-

IMAGINATION

FORMULA
공식 혹은 방식

그건 “원래 이렇게” 하는 거야.
왜긴? “그렇게” 하는 거니까, 그렇게 하는 거지.

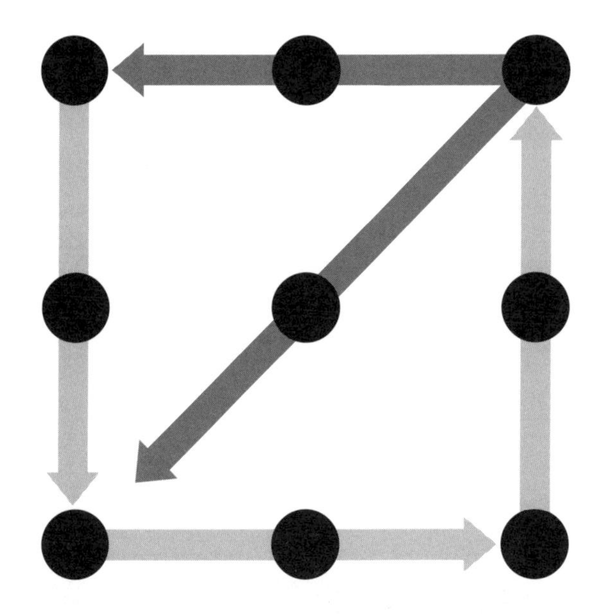

IMAGINATION
합목적적 상상력

왜? 문제만 해결할 수 있으면 뭐든 다 가능하지!
여태 안 썼던 방법, 안 했던 방식이 뭐 없을까?

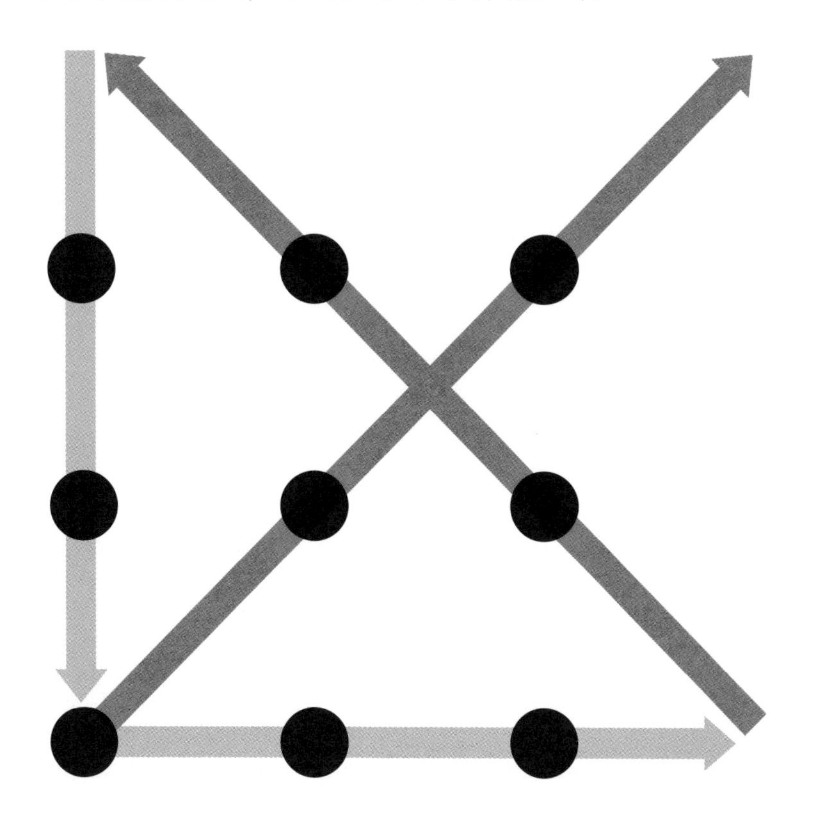

배우 정우성 님에게 편지 한 통을 썼습니다 ——

왜 만난 적도 없는 이 국민배우에게 썼을까요

아내에게도 자주 쓰지 못 하는 편지를 저는

?

정우성 님께,

"우리는 고객의 시간과 돈을 아껴 준다"
안녕하세요. 정우성 님.
저는 광고대행사 애드쿠아에서 전략본부를 맡고 있는 최상학 이사라고 합니다.
(먼저, 일면식도 없는 사람이 갑작스럽게 편지를 보내 놀라게 해드려 죄송하다는 말씀을 드립니다.)
위의 문구는 저희 회사 클라이언트인 '위메프' 건물 곳곳에 쓰여 있는 글귀입니다.
제가 이렇게 편지를 드리는 이유는 다름이 아니라 저희가 위메프 측에 새로운 광고의 모델로
정우성 님을 추천한 배경을 설명 드리기 위함입니다.
아시다시피 지금 우리나라는 장기 불황의 늪에 빠져있고,
많은 서민들은 하루하루 빠듯하게 살아가고 있습니다.
위의 슬로건이 말해주듯 위메프가 여타의 소셜커머스 브랜드들과 달리 유독 '가격'이라는
소셜커머스의 본질에 천착하는 이유 또한 이런 우리나라의 상황과 무관하지 않습니다.
그래서 위메프는 양질의 상품을 수급하는 것은 물론 최대한 가격을 저렴하게 하려고
다양한 노력을 기울이고 있습니다.
저희가 업무로 만나고 있는 많은 위메프의 직원분들은
—기업이므로 당연히 매출과 성과를 위해서이기도 하지만—
단순히 싼 상품을 파는 것이 아니라, 현재 우리나라 국민들이 가장 필요로 하고
좋아할 상품을 찾기 위해 다양하고 치열한 노력을 하고 있으며
같은 상품이라도 정말 가장 저렴한 가격인지 항상 상시 모니터링을 하여
최저가를 구현하려고 밤낮없이 노력하고 있습니다. (중략)

대표님, 뭐라고요?
모델 측에서 출연이 어렵다고 하셨다고요?

올해 초, 위메프에서는 제가 몸담고 있던 애드쿠아에 신규TV광고 제작을 의뢰해 주셨습니다. 몇 번의 회의를 거쳐 확정된 아이디어는 그야말로 전설적인 광고인 '정우성의 2% 부족 할 때'를 패러디하여 절묘하게 브랜드 슬로건인 '특가대표'를 전달하되, 원작의 주인공인 정우성 본인이 출연함으로써 화제성과 임팩트를 극대화할 수 있는 아이디어였습니다. 광고주가 시안을 결정해 주셨으니 제일 큰 산은 넘었고 이제 공은 저희 쪽으로 넘어왔습니다. 빨리 모델 계약을 하고 촬영준비를 해야 예정된 일정에 맞출 수 있을 테니 서둘러 움직였습니다. 그런데 그때 모델에이전시 대표님으로부터 날아온 핵폭탄급 비보, 그건 바로 모델 측에서 온 '이 콘티대로 광고를 제작하는 건 정중히 사양하고 싶다'라는 피드백이었습니다. 빅모델의 경우 광고출연을 확정 짓기 전에 대부분 사전 콘티확인을 하게 됩니다. 광고로 더 멋진 이미지를 만들 수도 있지만 자칫 기존의 좋은 이미지를 해칠 수도 있기에 모델 입장에서는 꼭 필요한 검토단계입니다. 십 년도 넘는 예전 본인의 모습을 자기 복제하는 부분, 그리고 희화화에 대한 우려… 아마도 그런 이유였겠지요. 저는 기획(AE)이 해야 하는 일 중의 하나가 '배관공' 업무라고 생각합니다. 일을 하는 과정에서 막힌 곳이 있으면 어떤 수를 쓰든 뚫어서 해결하고 일이 콸콸 흘러가게 하는 그런 배관공 말입니다. 광고주가 시안이 마음에 안 든다고 하시면 제작팀을 설득해서 빨리 추가로 아이디어를 내면 되고, 제작비가 아이디어에 비해 부족하다면 광고주를 설득해서 비용을 좀 더 받든가 내부에서 세이브할 방법을 찾으면 되고, 모델료에 이슈가 있으면 광고주, 모델 양쪽을 설득해서 조금씩 타협하고 중간에서 만나면 되는데, '평안감사도 본인이 싫으면 어쩔 수 없다'고, 모델이 'NO'라고 하는 경우는 정말 난감하기 짝이 없습니다. 모델에이전시가 역량이 부족하다면 강한 요청을 하거나 정 안되면 교체라도 하면 될 텐데, 저희와 같이 진행했던 에이전시는 국내에서 빅모델과 관련해서는 가장 잘 하기로 정평이 나 있는 탑 레벨의 회사인 데다 대표님은 정우성 님 측 회사와 나름 돈독한 친분까지 있음에도 불구하고 이렇게 된 터라 그야말로 '노답'인 상황이었습니다. "광고주에게 뭐라고 해야 하나 이 일을 어떻게 하나… 어떻게든 무슨 방법을 써서든 이 일을 해결해야 하는데…" 미팅을 마치고 돌아오는 택시 안에서 골똘히 생각하다 문득 두 가지가 떠올랐습니다 하나는 '편지, 하나는 '포스터'였습니다.

우리는 고객의 돈과 시간을 아껴줍니다, 위메프

10여 년 전에 이와 비슷한 상황이 제가 다녔던 C 광고회사에도 있었습니다. 모 빅모델에게 대형광고주의 광고에 출연을 요청했는데 모델 측에서 정중히 사양을 한 것이죠. 이미 광고주에게 제안한 모델이라 AE, CD, PD, 감독, 모델에이전시 모두 어쩔 줄 몰라 하고 있을 때, 당시 기획 상무님(제 광고 스승이신)이 그 빅모델에게 편지를 한 통 써서 보내셨다고 합니다. '이번에 전속 광고모델로 제안해드린 A사의 B브랜드가 그간 어떤 변화를 겪어왔고 이번에 출시되는 새로운 제품이 회사에 어떤 의미인지 그리고 그런 배경에서 왜 꼭 당신이 모델로 필요한지…' 워낙 스승님이 필력이 뛰어나신 분이라 그런지 몰라도 결국, 그 편지를 받은 후 빅모델은 마음을 돌려서 광고에 출연하게 되었고, 지금도 그 광고는 "독특한 아이디어+새로운 모델 이미지 활용'으로 우리나라 광고사에 오래도록 기록되어 있습니다. 폭탄뉴스를 안고 회사로 돌아가는 택시 뒷자리에서 회사 선배에게 들었던 바로 이 이야기가 떠올랐습니다. 그리고 이런 생각을 했습니다. '정우성 씨 소속사에서는 우리의 영상콘티에서 "이 광고가 줄 수 있을지 모를 리스크"를 봤기 때문에 출연을 꺼리는 것이겠지. 모델과 콘티를 바꿀 수 없다면 '모델의 마음'을 바꿔 볼 수 없을까? 만약 광고에 출연해야 할 이유, 출연의 대의명분을 진정성 있게 전달해 드리면 조금이라도 모델의 마음을 움직여 볼 수 있지 않을까?' 그때 제 머릿속에 떠오른 건, 처음으로 미팅을 위해 위메프사옥에 갔을 때 제 눈을 잡았던 엘리베이터에 붙어있는 포스터 속 문구 하나였습니다. "우리는 고객의 돈과 시간을 아껴줍니다, 위메프" 위메프는 소비자에겐 수많은 온라인쇼핑, 소셜커머스 중 하나일 뿐입니다. 싸고 물건도 괜찮은 것 같아 쉽고 편하게 폰을 꺼내서 물건을 사고 기다렸다가 만족하거나 반품하고 환불하는, 소비자에겐 늘 있는 가벼운 일상일 뿐일지 모릅니다. 그러나 그런 편리한 쇼핑이 가능한 이면에는 "하루하루 녹록지 않은 우리의 삶, 좋은 물건을 조금이라도 더 저렴하게 구해서 조금이라도 더 빨리 전달해 드리는 것이 우리의 업이자 사명이다"라는 진지한 철학을 가진 분들이 계시는구나~라고 느꼈던 참 인상 깊은 슬로건이었습니다.

A 아니면 B, 두 갈래 밖에
없는 것처럼 보일 때가 있습니다
도로상의 길은 그럴 수 있지만
우리가 일하는,
살아가는 길은 그렇지 않습니다
우리의 상상에 따라
C, D, E가 분명히 존재합니다

AE가 모델에게 편지를 보내면 안 될 이유가 있을까요?

회사에 돌아오자마자 저는 그 슬로건으로 시작하는 '정우성 님에게 보내는 편지'를 썼습니다. 그리고, 모델에이전시 대표님께 부탁해서 정우성 님 소속사에 전달했습니다. 다행히 소속사에서는 이 편지를 좋게 봐 주셨고, 감사하게도 결국 광고에 출연하기로 해 주셨습니다. 결국 저희는 예전 '2% 부족할 때'를 찍은 남이섬에서 그때나 지금이나 최고의 배우인 정우성 님과 함께 무사히 CF를 촬영할 수 있었습니다. (정우성 님이 촬영장에 도착해 '편지 쓴 사람이 누구냐'고 찾으셔서, 가서 인사를 드리자 "위메프가 그렇게 좋은 회사인 줄 몰랐습니다"라고 말씀해 주셨는데 그 말씀이 너무 감동적이었습니다.) 여러 파트의 사람들이 함께하는 일에는 순서가, 프로세스가 있습니다. 저 같은 AE가 모델의 연기에 대해 직접 이래라 저래라 하면 될까요? 절대 그래서는 안 됩니다. 만약 광고주의 제품을 제대로 들고 있지 못한 것 같다면 저는 그걸 제 다음 단계에 있는 CD(Creative Director)에게 이야기하고 협의하고 반영이 될 수 있도록 하는 것이 올바른 프로세스입니다. 그런 점에서 보면, 모델과 AE는 '촬영장에서 인사' 외에는 직접 커뮤니케이션할 일이 거의 없다고 봐도 무방합니다. 매니저, 모델에이전시 실장, PD, 조감독, 감독, CD 등 둘 사이에는 매우 많은 사람과 단계가 있기 때문입니다. 단계를 건너뛰고 커뮤니케이션을 한다는 건 결코 모두에게 좋은 결과를 만들어내지 못하기에 아무리 급한 요청이나 전달사항이 있어도 나의 '직전 단계 & 다음 단계'의 파트너와만 의사소통합니다. 또 그게 맞는 것이고요. 그런데 문제가 발생하는 것은 '비상상황'입니다. 우리는 종종 비상상황에서도 그렇게 '순서에 맞게, 주어진 틀에 맞게 일을 하게 되는 것 같습니다. 내가 '해도 되는 일, 해서는 안 되는 일'에 맞춰서만 생각하고 행동하게 됩니다. '어떡하지? 모델 문제는 직접 촬영할 제작팀 아니면 모델에이전시가 해결하는 거니까 알아서 하라고 하면 되겠지? 어쨌든, 나는 그 전 단계에 있는 사람이니까(직접적인 책임이 없으니까), 광고주한테 사과를 하는 건 내가 해야겠네.' 그 순서와 틀을 벗어나서 일을 해 본 적이 없기에, 그런 경험이 전무하기에 아예 다른 생각을 하지 못하게 되는 것입니다. 평상시에 가장 유용한 방법이 정작 비상시에 가장 걸림돌이 되는 아이러니입니다. 일이 터졌고 해결을 해야 하는데 AE가 모델한테 편지를 쓰면 안 될 이유가 있을까요? 어쩌면 늘 일하던 방식이, 우리의 관성이 문제를 해결할 지도 모를 우리의 상상력을 가로막고 있는 건 아닐까요? 아무도 생각하지 못한 새로운 Question을 찾아내는 방법, 그래서 Excellent Question을 하는 방법, 저는 그게 "상상력"이라고 생각합니다.

그래서 요즘 제 개인적인 화두는
'합목적적 상상력'입니다
막연한 공상이나 망상이 아니라
'주어진 문제를 해결하고 목적을 달성할 수 있는'
새로운 것을 추구하는 생각의 힘입니다

상상력

실제로 경험하지 않은 현상이나
사물에 대하여 마음속으로 그려 보는 힘

합목적적 상상력

문제를 해결하여 목적을 달성하는 힘이 있는
기존에 없던 것을 고민해서 찾아내는 힘

소비자가 실제로 어떻게 생각할지, 어떤 반응을 보일지,
그리고 어떤 반응을 보이는 사람이, 누가 더 관심을 가지고
실제 구매를 할지 알 수 있는 방법이 없을까

저희 유아세제는 "순비누가 원료라서" 세제잔여물이 더 적게 남습니다

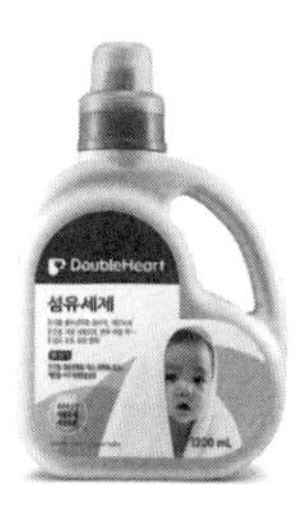

3년 전, '유한킴벌리 더블하트 유아세제' 경쟁 PT를 할 때였습니다. 함께 경합하는 두 회사는 이미 2년간 더블하트 일을 해 왔지만 저희는 브랜드에 대한 이해, 광고주의 성향 파악 등이 전혀 안 되어 있어서 어찌 보면 저희가 가장 불리한 상황이었습니다. 아이를 키우는 주부들을 직접 찾아가서 1:1 심층면접을 다양한 각도로 하는 등 다양한 각도로 '엄마와 유아세제'에 대해 파악하던 중 '모든 주부들이 가장 중요하게 생각하는 '좋은 원료'는 모든 유아세제가 사용하고 있고, 열심히 말하고 있는데 반해 두 번째로 중요하게 생각하는 '세제잔여물'에 대해서는 어떤 브랜드도 선점하고 있지 않다'는 전략적 인사이트를 발견하게 되었습니다. 그리고 광고주가 OT에서 나눠준 자료에 의하면 더블하트 유아세제는 원료의 특성상 세제잔여물이 적게 남는 아주 훌륭한 제품이었고 이는 외부 공인기관의 실험으로도 입증되었다고 하였습니다. 전략방향이 결정되자 이후는 순풍에 돛 단 듯했습니다. 좋은 제작팀 덕분에 훌륭한 TV광고 아이디어와 IMC아이디어가 나왔고 방향이 명확하게 정해진 터라 저는 프리젠터로서 차곡차곡 한 페이지씩 써 나가기 시작했습니다. 그러다 문득 이런 생각이 들었습니다.

정말 다른 제품에 비해서 우리 제품은 잔여물이 적게 남을까?
이 정도로 공부를 많이 한 나도 반신반의하는데 소비자들에게 이런 이야기를 한다고 그들이 쉽게 믿어줄까?
실제로 직접 빨래를 하고 실험을 해 보면 확인할 수 있지 않을까?

마침, 저희에겐 시장조사를 갔을 때 사왔던 11개의 유아용 세제가 있었습니다. 회사 앞 남대문시장에서 양말을 사왔고, 어른의 때와 달리 단백질과 지방이 대부분인 유아들의 때를 재현하기 위해 초코우유에 양말을 적시고는 말렸습니다. 그리고 각 제품의 뒷면에 기재된 표준용법용량에 의거한 비율로 세제를 사용해서 빨래를 했습니다.

PT를 하랬는데
우리는 빨래를 했습니다

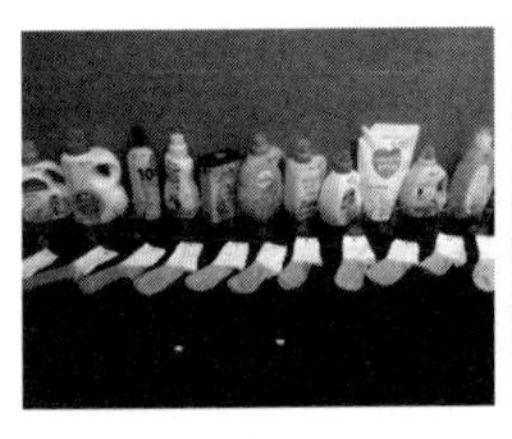
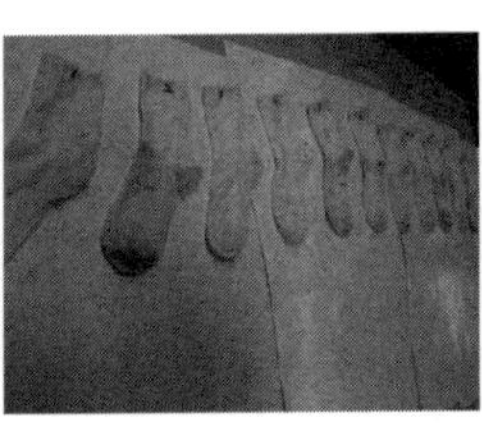

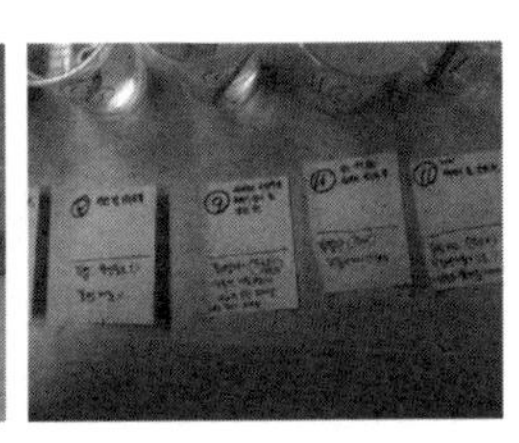

그렇게 빤 양말들을 물에 담가서 '헹굼물'을 얻었고 먼저 눈으로 관찰해서 물의 농도를 관찰하고, 각 양말의 세정력도 기록했습니다. 그리고 마지막으로는 헹굼물에 동일한 양의 식용유를 떨어뜨렸습니다. 세제는 계면활성제이고 계면활성제는 지방을 분해시키므로, 세제가 많이 남아있을수록 식용유가 잘게 쪼개지고 적게 남을수록 덩어리째로 남아있을 거라는 가설하에 한 실험이었습니다. 독보적인 판매 1위의 제품과 더블하트를 비교해보니 더블하트 쪽이 확실히 식용유가 덜 쪼개졌습니다. 역시 더블하트는 잔여물이 적게 남는 USP가 있는 제품이라고 눈으로 확인한 것 같아 뿌듯하고 기뻤습니다. 그래도 혹시나 해서 팀원의 지인인 고등학교 과학선생님에게 이 실험의 전반적인 내용을 보내드리고 과학적으로 유의미한지 자문을 구했습니다. 그 학교의 모든 과학선생님들이 모여서 이 실험에 대한 회의를 한 끝에 보내주신 내용은 '세제잔여물은 계면활성제 만이 아니므로 이 실험 자체만으로는 "더블하트는 잔여물이 더 적다"라고 하기 어렵다. 이런 의도로 실험을 한다면 COD키트(화학적 산소요구량을 측정하여 물의 오염도를 판별하는 기기)로 하는 것이 더 정확하다'는 것이었습니다. 저희는 바로 COD키트를 구입했고, 남은 헹굼물로 실험을 했습니다. 역시 COD실험에서도 더블하트의 헹굼물은 경쟁제품대비 덜 오염된 것으로 확인할 수 있었고 저희는 '더 적은 세제잔여물'에 대한 제품의 우월성에 대해 확신하게 되었습니다. PT때 저는 제품의 장점을 확신한 상태에서 USP와 소비자 인싸이트가 일치하는 전략, 컨셉, 아이디어를 제안해 드렸습니다. (그리고 당연히 PT장표에는 두 차례 실험을 넣었지요.) 결국 가장 좋은 평가를 받고 바로 대행계약서를 쓰게 되었습니다.

우린 'PT를 딴다'라는 표현을 씁니다.
PT를 한다면 'PT를 따기 위해 우리는 과연 무엇을 더 할 수 있을지, 어디까지 할 수 있을지' 상상해야 합니다.

직접 시식행사를 해 보자 소비자의 '진짜 반응'을 보고 들어볼 수 있지 않을까?

제가 진행해서 떨어진 PT 중 가장 아까운 PT는 작년에 했던 '풀무원 육칼'입니다. 워낙 풀무원은 지금도 저의 인생 광고주라 PT Invitation을 받고 정말 열심히 준비했습니다. 조사를 하고 스터디를 할 수록 더 많이 궁금해졌습니다. '육칼을, 육칼의 맛을 처음 접해 본 사람은 어떤 반응을 보일까? 그 반응은 사람에 따라 다를까? 어떤 멘트에 더 관심을 가질까? 어떤 반응을 보인 사람이 사 가고, 어떤 반응을 보인 사람은 안 사 갈까? 그 둘의 카트에 담긴 다른 물건들의 차이는 무엇일까?' 그래서, 부탁하고 요청하고 소개받고 또 부탁해서 풀무원 내부에서 가장 판촉을 잘 하시는 분과 함께 마트 시식행사를 같이 진행할 수 있는 기회를 드디어 얻게 되었습니다.(혹시 풀무원 측에 문제가 될까 미리 보건소에서 보건증을 받아서 시식행사에 갔습니다.) 직접 이마트에서 홍보 멘트를 하고 종이컵에 라면을 떠 드렸습니다. 얼굴이 두꺼운 편이지만 처음엔 마치 발가벗고 있는 것처럼 부끄러웠고, 판촉직원분의 멘트를 따라 한다고 해 봤는데 목소리가 정말 기어들어갔습니다. 30분 정도 해 보니 적응이 좀 되었고 그제야 늘 시식 행사하는 사람 마냥 목청도 커지면서 고객들 저마다의 다른 반응이 눈에 들어오기 시작했습니다. 처음 맛본 육칼의 맛을 그들은 어떻게 표현하는지, 풀무원의 라면에 대해 어떻게 생각하는지 등등 그간 사무실에서 궁금했던 것들이 조금씩 해소되었습니다. 그 전에 안갯속을 막연하게 걸었다면 행사를 다녀오니 지금 어디로 가야 할지 어디로 가면 안 될지 조금 더 길이 명확해졌습니다.

현대광고의 아버지라 불리는 데이비드 오길비는 '(제품이) 팔리지 않는 광고는 광고가 아니다'라고 했습니다. 진정, 그 브랜드를 팔리게 하고 싶다면 '그 물건이 팔리는 곳'에 대해 더 제대로, 더 깊이 알 수 있는 방법이 무엇인지 고민하고 상상해봐야 합니다.

All New & Different Cinema Advertising?!

쏘나타 하이브리드의 세 가지 장점을 보여줄 수 있는
기존의 극장광고와는 전혀 다른 극장광고, 없을까요?

극장광고가 Quiz와 SMS를 만났을 때 (2013년 11월)

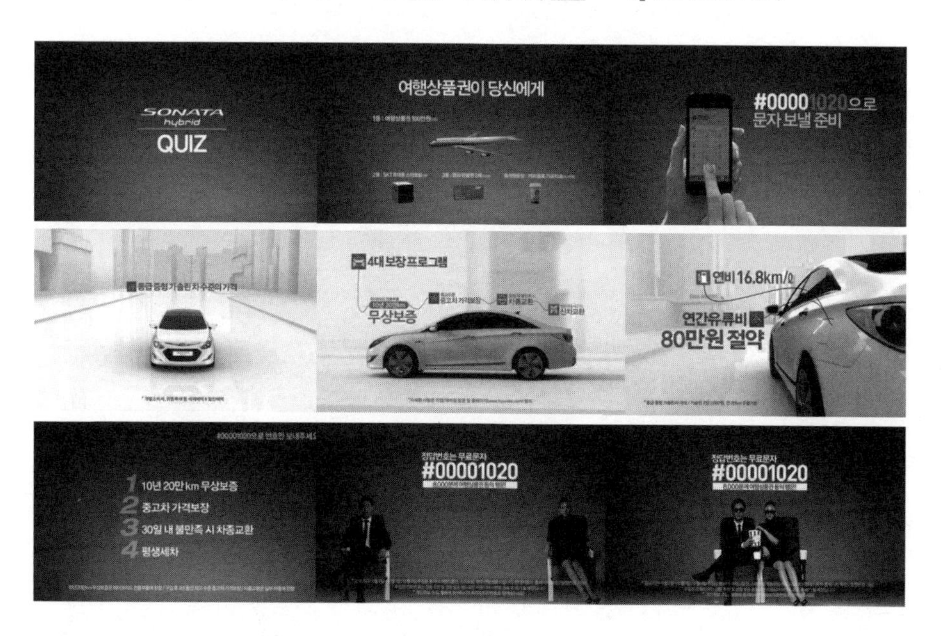

남다른 극장광고를 위해 우린 이렇게 상상해 보았습니다.

"극장에서 영화 보기 직전에, 문자로 퀴즈를 풀게 할 수도 있지 않을까?"

"그러면 자연스럽게 퀴즈 내용인 제품정보가 각인되지 않을까?"

그래서, '극장광고를 보면서 SMS로 퀴즈에 참여하고 자연스럽게 제품 USP를 각인하게 하는' 광고와 이벤트를 제안, 실행했습니다. 영화를 본 사람은 물론, 단기간에 빠른 온라인 버즈가 일어나서 18,000여 명이 문자로 퀴즈에 참여했습니다.

9 DOTS GAME

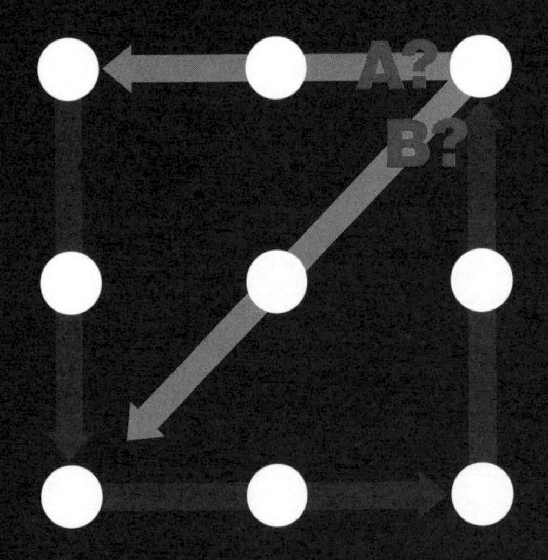

4개의 직선으로 9개의 점을 모두 이으라고 하면 우린 일단 머릿속으로 정사각형을 그립니다. (이것은 Gestalt Psychology 중 '완결성의 원리'입니다.) 그리고, 누가 나가지 말라고 한 것도 아닌데 그 정사각형 안에서만 선을 이렇게 저렇게 그어 봅니다. 어떻게든 틀을 찾아내고 틀이 없으면 기어이 만들어낸 후 그 안에서 움직이는 게 가장 편한 존재가 사람입니다. 일도, 일상도 이렇게만 된다면 계속 답을 찾기 어렵지 않을까요?

상상력이 필요

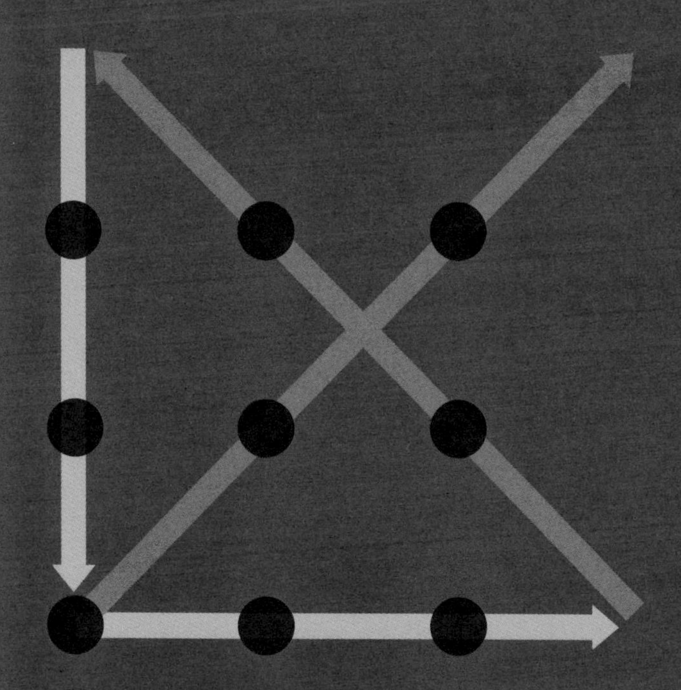

합니다

진짜 문제를 찾기 위한 상상
힌트를 찾을 새로운 방법의 상상
최선의 답을 찾아내는 상상
임팩트를 줄 수 있는 방법의 상상

사장님, Bad Company가 광고를 의뢰한다면 해야 할까요 안 해야 할까요?

첫 직장에서 어떤 직원이 회의시간에
사장님께 위와 같은 질문을 던졌습니다.
약간 곤혹스러워하시던 사장님은
'우리는 프로니까 Bad Company라도 광고를 해야 한다'
라고 하셨죠. 저는 그때 속으로 뭔가 약간 찜찜한데
그렇다고 아니라고 하자니 먹고사니즘의 문제라
어쩔 수 없겠구나 싶었습니다.
만약 여러분이라면 뭐라고 답하시겠습니까?

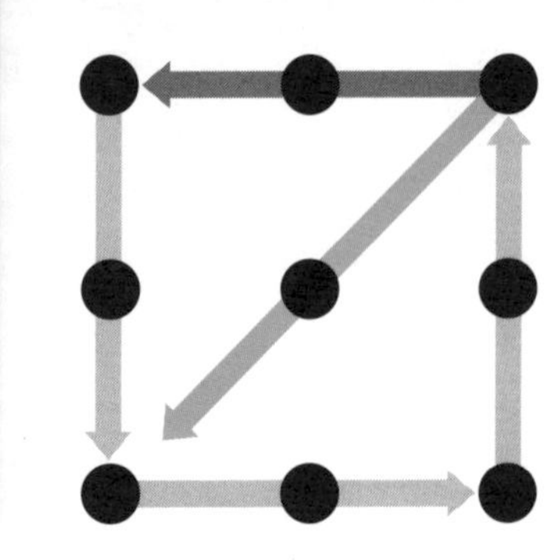

“회사의 실력을 키우자” 그래서, 그런 Bad Company의 일은 안 해도 될 정도로 충분히 많은 좋은 광고주를 갖고 있자

이것이 몇 년 뒤에 제가 찾은 답입니다.
그렇다면 저한테 앞의 질문은 잘못된 거겠지요?
한다 안 한다 둘 중에 골라야 하니까요.
상상해야 두 가지가 아닌 다른 길이 보입니다.
그렇다면, 이런 질문이 좋은 질문이 아닐까요?
이런 질문을 해야 위에 제가 찾은 답이 바로 나오지 않을까요?
“Bad Company의 일은 절대 하고 싶지 않은데
그러기 위해서 무엇이 필요할까요?”

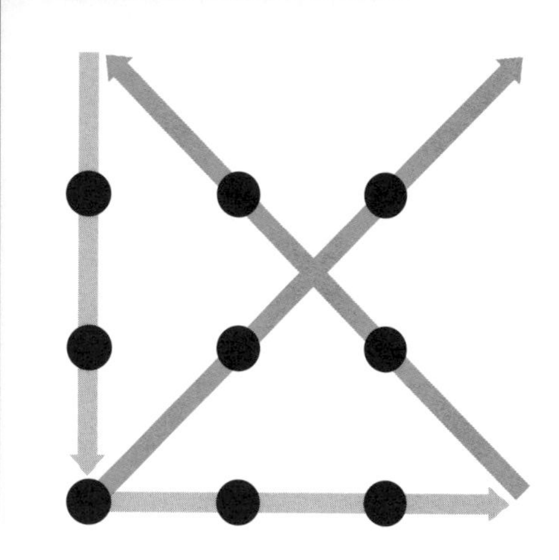

상상력이 가진 힘

■

Doubt Bad, Change Good

□

좋은 답이 잘 찾아지지 않을 때 지금 갖고 있는 질문을 의심해 보라고 1장에서 말씀드렸습니다. 의심한 결과 그 질문에 문제가 있었음을, Bad Question임을 확인했다면 새로운 좋은 질문으로 바꿀 차례입니다. 자, 그러면 이제 내가 갖고 있지 않던 '새로운 질문'을 찾아야 합니다. 어떻게 하면 좋을까요? 우리에게 무엇이 필요할까요? 네, 바로 상상력이 필요한 타이밍입니다. 상상력은 기발한 답을 찾는 데도 필요하지만 지금 나에게 정말 필요한 '질문'을 찾을 때 더욱 강력한 힘을 발휘합니다. 상상력의 힘은 상상했던 것보다 더 강합니다.

■

할 수 있는 것을 정해 두고 하는 우리

□

"나는 이런 직군이니까 이것까지만 한다"
책임회피, 면피를 말하는 것이 아닙니다. 사실 많은 경우 정해진 룰과 틀 안에서 일을 하는 것이 훨씬 더 효율적입니다. 그런데 문제는 그러다 보면 어느새 '하던 일 외에 다른 것을 하는 방법'에 대해 내 머리와 몸이 전혀 알 수 없게 됩니다. '목적'을 달성하기 위해 필요하다면 안 하던 일도, 내 일이 아닌 일도 기꺼이 해야 합니다. 때론 변칙이 필요합니다. 세상의 어떠한 전쟁도 정공법만으로 승리할 수 있는 전쟁은 없었습니다. 저는 때로 AE는 '배관공'이라고 생각합니다. 양쪽이 모두 동그란 모양의 관이라면 끼우는 게 쉽겠지만 대부분 양쪽의 모양이 같은 경우가 별로 없습니다. 그때 상상력이 필요합니다. 한쪽을 다른 쪽의 모양으로 두드려서 맞출 수도 있고, 테이프를 칭칭 감을 수도 있습니다. 양쪽의 모양을 끝부분을 하는 새로운 배관을 하나 구해서 가운데 끼울 수도 있습니다. 중요한 것은 물이 계속 흘러가게 만드는 것입니다. 상상을 통해 최적의 대안을 마련해야 합니다. 우리가 속한 조직이, 우리가 우리에게 바라는 건 '목적을 달성하는 것'이지 '할 수 있는 것만 제대로 해내라'는 건 아닐 것입니다. 모델에게 편지를 쓸 수도 있고, 회사에서 빨래를 할 수도, 마트에서 직접 라면을 팔아볼 수도 있습니다. 단, 어디까지나 그것이 목적을 달성하는 데 도움이 된다면 말이죠. 이를 위해서는 상상을 통해서 새로운 질문을 스스로에게 던져야 합니다.

■

역지사지의 상상력

□

내가 면접관이라고(입사), 내가 광고주라고(PT, 업무미팅), 내가 소비자라고(광고, 마케팅) 상상해 보시기 바랍니다. 우리의 자기소개서와 면접, 3주를 노력한 전략과 아이디어, 우여곡절을 겪으며 열심히 만든 광고와 몇백억의 개발비가 들어간 신제품이, 우리가 생각하는 것처럼 정말 멋지고 훌륭할까요? 제대로 상상하지 못하면 우리는 여전히 우리에게 좋은 걸 일방적으로 들이대거나, 상대방이 원하는 것을 찾지 못하고 엉뚱한 곳으로 갈 수 있습니다. 우린 자주 가끔 그렇게 하고 있습니다.

■

철수와 영희를 등장시키지 않는 이유

□

저는 강의 중에 '남자와 여자'를 언급해야 하는 경우 절대로 '철수와 영희'라고 하지 않습니다. 사람은 자신과 관계없고 얼굴도 모르는 사람에겐 관심을 두지 않기 때문입니다. 대신, 저는 수강생 중 남녀 두 명에게 양해를 구하고 두 사람의 이름을 빌려서 이야기를 합니다. 가령 민석이와 수지처럼 말이죠. 그렇게 하는 이유는 '철수가 영희에게 프로포즈를 했는데요~'라는 이야기에는 시큰둥하던 사람들이—그들이 잘 아는 두 사람인—'민석이가 수지에게 프로포즈 한 이야기'에는 쫑긋 귀 기울이고 웃고 재미있어합니다. 왜 그럴까요? '상상'하기 때문입니다. 상상할 수 있는 조건을 갖춰 이야기해 주면 사람들은 훨씬 더 깊이 몰입을 합니다. 상상하게 하면 몰입합니다. 그래서 다른 사람에게, 또 스스로에게 상상할 수 있게 만들어 줄 필요가 있습니다.

■

설득력을 극대화하는 화법, What If Game

□

프리젠테이션, 협상 등에서 가장 강력한 힘을 발휘하는 화법 중에 'What If Game'이라는 것이 있습니다. '만약 고객님이 A를 구매하시게 된다고 가정해 보죠. A-1, A-2 같은 일이 생기게 되지 않을까요? 그리고 그렇게 되면 내년에는 A-3같은 것도 일도 발생하게 될 겁니다.' '만약 ~한다면'이라는 말을 통해 프레임을 만들어서 듣는 이로 하여금 '그 프레임 안에서 상상하게 만드는' 방식입니다. '만약'이라는 도구를 통해 상상하게 만드는 것이죠. 프리젠테이션에서도 마찬가지입니다. 단순히 '이런 제안이 있다'라고 끝을 내는 것이 아니라 PT의 말미에 "오늘 저희가 제안해드린 'Red' 아이디어를 채택하신다면 어떤 일이 생길까요? 6개월 후 소비자들은 아마 빨간색만 보면 저희 브랜드를 떠올리게 될 겁니다. 그리고 저희 브랜드를 만나면 다른 경쟁사들은 아무도 갖고 있지 않은 우리만의 유니크한 브랜드 자산인 'Red'를 떠올리게 될 것입니다. 결국 수많은 브랜드가 싸우는 치열한 시장에서 저희 브랜드는 차별화된 이미지를 구축하게 될 것입니다."라고 덧붙이는 겁니다.

■

Responsible Imagination Power

□

상상, 상상력이라고 이야기하면 '캐주얼하고 자유분방한 상상'을 그리게 되는데 제가 말씀드리는 것은 그것과 사뭇 다릅니다. 앞에서도 말씀드린 것처럼 상상력이 정말 힘을 발휘하는 것은 그 상상력의 끝이 '목적'을 정확히 겨누고 있을 때뿐입니다. 책임지지 못하는, '이렇게 막 해보고 싶은데' 같은 것은 누구나 할 수 있는 공상이라면 저는 항상 목적을 바라보고 있는 것을 책임감 있는 상상력이라고 부릅니다. 책임이 있는 상상력은 더 나은 결과'를 만들기 위해서만 존재합니다.

20세기를 만든 '상상력'

'현대'라고 할 수 있는 20세기를 만든 세 명의 유대인이 있다고 합니다. '사회주의'라는 새로운 국가와 사회 시스템을 주창한 칼 마르크스, 물리학의 새로운 근본원리를 찾아내 결국 세상에 없던 현존하는 가장 강력한 힘을 만드는 데 천재적인 머리를 빌려준 알버트 아인슈타인, 그리고 수 천 년간 사람들이 미처 몰랐던 의식 저 너머의 존재인 '무의식의 세계'를 발견하고 이를 통해 현대의 문학, 예술, 종교, 윤리관, 사회과학에 이르기까지 거의 모든 분야에 영향을 미친 지그문트 프로이트입니다. 프로이트는 생전에 '인간의 의식과 무의식'에 관해서 상당히 많은 논문과 연구를 발표했습니다. 언뜻 생각하면 프로이트는 늘 환자들을 만나서 진료하고 이를 바탕으로 이런 결과를 바탕으로 새로운 이론을 발표했을 것 같습니다만 그렇지 않다고 합니다. 놀라운 것은 그가 발표한 많은 이론과 학설 중 오직 단 2개의 연구만 '환자'를 관찰하고 진찰하면서 찾아낸 것이라고 합니다. 그렇다면 나머지는 어떻게 연구한 것일까요? 프로이트는 '자신'을 연구했다고 합니다. 연구자인 나와 세상에서 내가 가장 잘 알고 있는 피험자(두 번째의 나)를 분리시키고 내가 나를 객관적으로 바라보고 연구했다고 합니다. 어떻게 이런 일이 가능했을까요? 쉽지 않은 일이겠지만 '나는 나이면서 내가 아닌 또 다른 사람이다' 라는 상상을 했고 그런 나를 연구자인 내가 엄밀하게 관찰했기에 가능하지 않았을까요? 어쩌면 그의 이런 상상이 21세기를 사는 우리의 문화와 사회, 예술에 영향을 미친 것은 아닐까 생각합니다. *새로운 질문을 상상하고/새로운 것을 상상하는 질문을 해보시기를/당신과 당신의 프로젝트를 더 위대하게 만들기 위해*

HOW TO IMAGINE BETTER?

상상을 더 잘하는
상상력을 키울 수 있는 방법
상상력으로 새로운 질문을 하는 방법

CREATIVE

'CREATIVE' 라는 단어는 광고회사에서 가장 많이 말하고, 가장 많이 듣는 말입니다. "최 본부장, 미안한데 이번에는 크리에이티브가 좀 별로더라구~" 이런 이야기를 광고주에게 들으면 얼굴이 화끈거리고 쥐구멍에라도 숨고 싶습니다. 광고회사의 본질인 아이디어가 '전혀 새롭지 않다, 임팩트가 없다'라는 이야기이기 때문입니다. 그래서 광고회사는 매일 모두가 '크리에이티브, 크리에이티브'하고 노래를 부릅니다. 상상력은 크리에이티브를 만들어 냅니다. 어떻게 하면 어떻게 해야 크리에이티브해질 수 있는지를 알고 실천한다면 그것이 바로 '상상력'을 키우는 방법이 될 겁니다.

Definition of Creative

전혀 관계가 없는 두 개념이나 사물을 만나게 하여
새로운 유의미한 관계를 만들어 주는 것

광고계의 대선배이신 이용찬 대표님에게 20여 년 전 배운 정의이자,
제가 금과옥조처럼 생각하고 있는 문장입니다.

1992, INFORMATION HIGHWAY

1992년, 클린턴과 고어가 미국 대통령선거에 나왔을 때
그들의 슬로건은 '정보 고속도로'였습니다.
원래, '정보'와 '고속도로'는 전혀 관계가 없는 단어들입니다.
그런데 둘이 만나서 '미국 전역 어디나 정보가 고속도로처럼 잘 흐르게
인터넷인프라를 설치하겠다'라는 의미를 만들어 냈습니다.
이것은 관계없는 둘의 유의미한 만남입니다.
그래서 크리에이티브입니다.

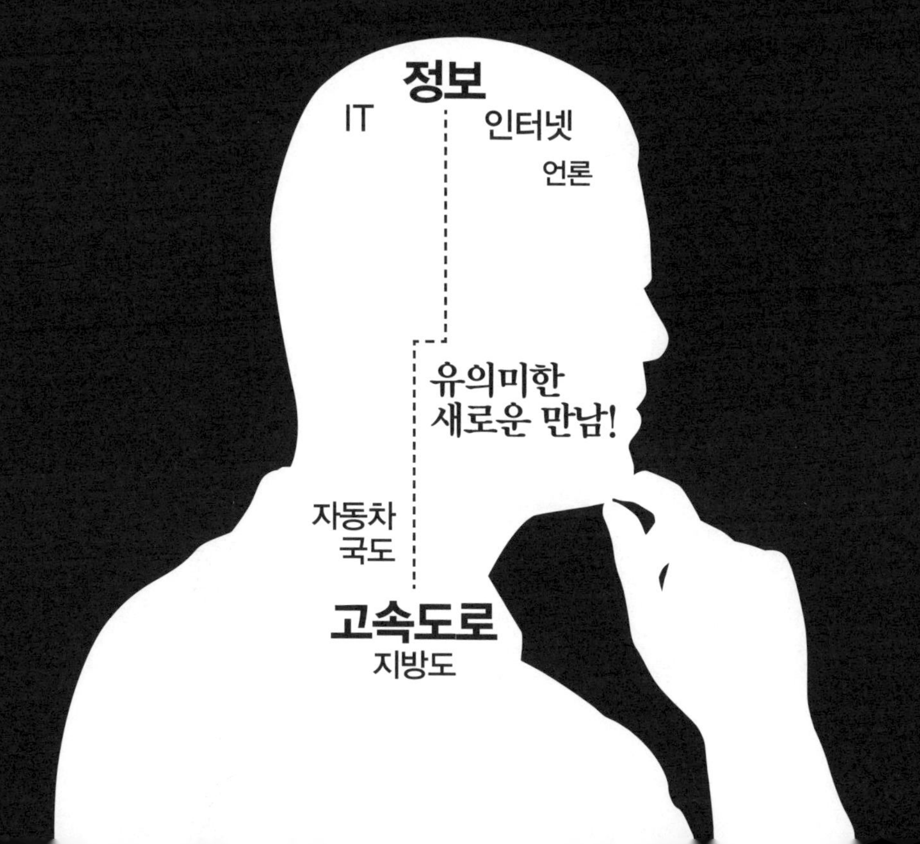

How to be more CREATIVE

(A) More Element
(B) Association Ability

크리에이티브 : 관계가 없는 둘을 만나게 하여 새로운 유의미한 관계를 만드는 것

위의 그림을 보십시오. 우리가 더 크리에이티브해 질 수 있는 방법, 그래서 상상력이 더 강해질 수 있는 방법은 두 가지입니다. 하나는 더 많은 '만남의 경우의 수'를 위해 머릿속에 더 많은 요소들을 넣는 것, 그리고 다른 하나는 관계없는 것끼리 연결하는 능력을 키우는 것입니다 첫 번째를 위해서는 평소에 많은 직 • 간접적인 경험이 필요합니다. 두 번째를 위해서는 열려있고 유연한 마인드로 관계없는 것끼리 관계를 맺어주는 연습을 해 보는 것이 도움이 됩니다. SNS에 글을 쓸 때든, 친구의 선물을 고를 때든 무관한 것끼리 조합을 해 보는 겁니다.

우린,
원래 썩 그리
말랑말랑하지
않습니다

'에이, 이거랑 저거랑 합치는 게 말이 되냐?'
'원래 그렇게 하면 안 돼~ 업계의 Rule이거든.'

/

인지적 구두쇠(Cognitive Miser)라서
편견(Prejudice)과 선입견(Bias)을 장착하고 세상을 바라봅니다.
Rule이 주어지면 그걸 꼭 지켜야 마음이 편한 Rule Keeper이며
심지어 없으면 Rule을 만들어야 합니다. '서구문명을 처음 접한 구세계'처럼
사람은 원래 새로운 것, 새로운 조합은 일단 경계하고 두려워합니다.

/

그래서 끝없이 노력해야 하는지도 모릅니다.
세상의 어떤 조합도, 어떠한 상상도
가능할 수 있다고 생각하는 합목적적인
'말랑말랑한' 머리를 갖기 위해서는 말입니다.

새로운것을 고민하고찾으려는 질문이아니라 원래있던뻔한 공식속에서 찾으려는 질문들

이 질문들이 Bad Question인 이유는,
문제를 해결하는 데 필요한 새로움을 찾지 못하고 있기 때문입니다.
결혼해도 친구는 만나고 싶은데 가족들은 빨리 오라하고…어떡하지?
모델이 이 콘티로는 절대 안 한다는데 어쩌지? 광고주한테 뭐라고 하지?
기획서는 거의 다 썼고, 제작물시안은 언제 준대?
A 아님 B라고? 어떡하지? A는 배신이고 B는 복을 차는 건데?

Bad Question to Good Question

'Formula'에서 'Imagination'을 위한 질문으로

B. 결혼해도 친구는 만나고 싶은데 가족들은 빨리 오라하고…어떡하지?

G. 오늘은 집으로 친구를 부를까, 친구를 보는 자리에 부인을 오라고 할까?

A: 밖에서 술을 먹는다. / B: 오늘은 그냥 집으로 간다. 이 프레임 안에서는 늘 둘 중의 하나는 패배자여야 합니다. 화이트와 블랙 말고도 수많은 색이 존재할 수 있지만 우리는 자주 객관식 중에서 고르려고 합니다. 그중 어디에도 정답이 없는 경우가 가끔 있는데 말이지요. 상상력이 도와준 새로운 질문이 등장할 때입니다.

B. 모델이 이 콘티로는 절대 안 한다는데 어쩌지? 광고주한테 뭐라고 하지?

G. 모델이 출연해야 할 명분이나 이유를 만들 다른 방법은 무엇이 있을까?

하지 않아야 하는 것을 하지 않는 것과 아무도 생각하지 못했던 새로운 방법으로 문제를 해결하는 것은 전혀 다르지만 많은 경우 이 둘의 시작을 같은 것으로 보는 실수를 범합니다. 왜냐면 둘 다 반대말이 '내가 해야 할 것을 제대로 잘 하는 것'이기 때문입니다. 둘은 다릅니다. 합목적적 상상력을 연습하고 길러야 합니다.

B. 기획서는 거의 다 썼고, 제작물시안은 언제 준대?

G. PT를 따기 위해 남은 기간 '우리가 더 할 수 있는 모든 것'은 무엇일까?

기획팀이 기획서를 쓰고 제작팀이 시안을 만드는 것은 '딱 그 당시에 각자가 해야 하는' 각자의 임무이기 때문이 아닙니다. 오로지 PT를 따기 위해서입니다. 월권을 하자는 것도, 파트너의 영역을 침범하라는 것도 아닙니다. 우리가 집중해야 할 것은 오로지 '우리의 목적을 달성하는 것'입니다.

B. A 아님 B라고? 어떡하지? A는 배신이고 B는 복을 차는 건데?

G. 왜 내가 둘 중에 하나를 골라야 해? 나한테 정말 필요한 X는 무엇일까?

상대방의 질문이 만든 프레임에 내가 외통수가 되었다면 말리지 말고 그 '프레임'을 엎어버리는 것이 해결책인 경우가 자주 있습니다. 그러기 위해서는 단단한 생각과 상상력이 필요합니다.

CHAPTER 7

BQ

학점도 추천서도 꿀릴 게 없으니까 이 회사, 붙지 않을까?
내가 가진 용돈을 다 털어서 프로포즈를 준비했으니 잘 되지 않겠어?
우리 애는 머리가 좋으니까 공부만 하면 금방 서울대 가겠지?
최고의 멤버들이 모여서 이렇게 열심히 준비했는데 이번 PT, 잘 되겠지?

있는
그대로 보고
정확히
예측하고자 하는
질문이
필요합니다

–

LOOK AS IT IS

■ ■

당신은

축구동호회 회원입니다. 두 나라의 A매치 경기에 1인당 100만 원 내기를 하기로 했습니다. 당신은 어떻게 준비할까요? 준전문가인 만큼 당신은 현재 갖고 있는 모든 정보(감독, 포지션별 선수, 양 팀의 전적과 부상현황, 팀 내 분위기 등)를 총동원해서 미래의 승부를 최대한 정확하게 맞추려고 노력할 것입니다. 이것을 '예측'이라고 합니다.

:

당신은

20명 중 유일하게 결과를 정확히 예측해서 큰돈을 버는 데 성공했습니다. 자, 다음 경기입니다. 당시의 탁월한 능력은 여전히 힘을 발휘할 수 있을까요? 아니면 실패할까요?

당신은

뜨거운 한일전에 대해 얼마나 '객관적으로' 또 '엄격하게' 현재 확보된 정보를 바탕으로 미래의 결과를 생각해 보려고 할까요? 아마, 당신의 마음은 '꼭 이겼으면 좋겠다'라는 생각으로 가득 차 있을 겁니다. 그리고 그 생각이 꽉 차 있다 보면 '현재의 자료를 바탕으로 한 미래에 대한 논리적인 전개'가 어려워집니다.

PREDICTION
예측

:

EXPECTATION
기대

둘 다 아직 일어나지 않은 미래에 대한 '관념'입니다. 예측은 '이러하고 저러하니 이럴 것 같다'라면, 기대는 '이랬으면 좋겠다'입니다.
문제의 시작은 늘 '예측의 탈을 쓴 기대'가 나타나면서부터입니다.

사활이 걸린 중요한 PT
기획팀 내에서도
1주일간 싸움에 가까운
회의와 토론을 거쳤고
제작팀과 2주간
수많은 방향을 놓고
싸우고 또 싸웠습니다
드디어 합의를 했고
이제 시안을 만들고
기획서를 씁니다
그리고 PT 3일 전
우리 회사 회의실에
등장한 뜨거운

그 무엇.

종교적 신념

“이번 PT, 반드시 우리가 이길 것 같아”

그렇게 많은 밤을 새우고
그렇게 심하게 싸우고
그렇게 열심히 했는데
‘잘 됐으면 좋겠다’
‘잘 됐으면 좋겠다’
‘잘 됐으면 좋겠다’
‘잘 됐으면 좋겠다’
‘잘 됐으면 좋겠다’
‘잘 됐으면 좋겠다’
‘잘 돼야 하지 않겠어?’
‘잘 될 거 같아~!’
“우리가 될 거 같아!”

예측의 탈을 쓴 기대

영화를 보고 나서 '저런 영화를 만들 거면 차라리 그 돈으로 불우이웃이나 돕지' 하신 적이 있으실 겁니다. 그런데 말입니다. 그 영화를 만드는 데 참여한 수백 명의 관계자들이 모두 바보라서, 아니면 '망할 줄 뻔히 알면서' 그 영화를 만들었을까요? 절대 아닐 겁니다. 아마 그들도 만들 때는 '우리 영화, 무조건 대박 친다'라고 확신을 가지고 만들었을 겁니다. 예측인 척하는 기대가 이렇게 무섭습니다. 기대와 예측은 엄연히 다릅니다. 이 둘을 분리하지 않으면 또 분리하지 못하면 결코 '이기는 삶'을 살 수 없습니다. '이랬으면 좋겠다'와 '아쉽지만 이렇게 될 것 같아'를 절대로 헷갈려서는 안 됩니다. 때때로 희망은 우리에게 가장 무서운 독입니다. 정말 봐야 할 것을 보지 못하게 만들기 때문입니다.

생겼으면 하는 일에 대한 맹목적 믿음

'이랬으면 좋겠다'를 백 번, 천 번 속으로 되뇌어 보십시오. 어느덧 '이랬으면 좋겠다'는 '이럴 거야'로 바뀌어 있을 것입니다. 우리는 그런 존재입니다. 앞에서 말씀드렸 듯 우리 모두는 세상에서 우리 자신을 가장 사랑합니다. 사랑은 늘 맹목적입니다. 그러다 보니 우리 자신에게 '생겼으면 하는 일'에 대한 맹목적 믿음은 점차 강화됩니다. 긍정적인 면은 분명히 있습니다. 자신감이라든가 말이죠. 문제는 '그렇게 그저 바라기만 한다고 해서 원하는 일이 일어나지는 않는다'는 것입니다. 예측과 기대는 둘 다 아직 일어나지 않은 미래에 대한 사람의 관념 혹은 사고입니다. '미래에 관해서'라는 것만 같지 나머지는 뿌리부터 전혀 다릅니다. 예측이 비록 아프지만 현실을 있는 그대로 직시하고, 밤송이같은 정보를 손으로 줍고 까서 뭔가를 얻어내려는 이성적이고 합리적인 사고라면, 기대는 있어도 보지 않고, 없어도 보려 하는 오직 '이 순간의 나'만을 위한, 합리적이지 못한 사고입니다. 이 둘을 엄격하게 분리할 수만 있어도 우리가 갖고 있는 문제의 절반은 해소되지 않을까 싶습니다. 많은 경우 기대가 예측인 척하고 내 머리에, 기획서에, 회의실에 똬아리를 틀고 있기 때문입니다. 우리가 사랑하는 달콤한 독의 뚜껑을 닫고, 우리가 가장 좋아하는 원하는 색깔로만 세상을 보여주는 색안경을 내려놓을 때, 비로소 진짜 문제가 보이고 제대로 된 답이 보이게 됩니다.

■

광고 만능주의와 내 광고 만능주의

□

광고쟁이들은 때로 '광고 밖에 모르는 바보'가 될 때가 있습니다. 어떤 기간, 매출이 떨어지면 광고에 무슨 문제가 있었는지 분석하고 이유를 만들려고 하고 반대로 성과가 좋았다면 광고에서 좋은 포인트를 찾아서 원인으로 해석하려고 합니다. '광고의 눈'으로 모든 걸 해석하려고 하기 때문입니다. 그런데 광고주 입장에서 한 번 생각해 볼까요? 매출에 영향을 미친 요소는 최소 100가지쯤 될 겁니다. 그 상황에서 광고대행사가 와서 '매출과 광고효과의 관계' 만을 이야기하면 공감이 갈까요? 저는 이런 우리 광고쟁이들의 안타까운 시각을 '광고'만능주의라고 부릅니다. 이 광고만능주의가 '예측의 탈을 쓴 기대'와 만나면 최악의 그림이 완성됩니다. "오늘 저희가 제안해 드린 전략과 아이디어를 채택하신다면 000의 이유로 인지도가 올라가고 매출지표도 개선이 될 것이라고 확신합니다." 이걸 말하는 광고쟁이는 예측이자 자신감이라고 생각하겠지만, 듣는 광고주는 근거 없고 대책 없으며 공감이 되지 않는 주장으로 받아들일지도 모릅니다. 저는 이걸 '내 광고'만능주의라고 부릅니다. '우리 전략과 아이디어가 광고주의 문제를 한 방에 해결할 수 있었으면 좋겠다'라는 생각을 백 번 정도 하다 보면 '그렇게 될 거야'로 변신합니다.

■

한계의 인식에서 태어나는 진짜 전략과 아이디어

□

아프지만 '있는 그대로'를 보고 있으면 '한계'가 보입니다. 그 한계를 인정하면 그로부터 유효한 전략이 도출될 수 있고 놀라운 아이디어가 나올 수 있습니다. 예를 들어 볼까요? 반에서 꼴찌인 학생의 부모님이 말합니다. "우리 애가 머리는 좋은데 공부를 안 해서 성적이 안 좋은 거야." 이 학생의 부모님은 기대(머리가 똑똑했으면 좋겠다)가 예측(지금까지 옆에서 지켜보니 별로 똑똑하지 않고 앞으로도 성적이 오를 일은 별로 없을 것 같다)을 밀어내고 예측인 척하는 것이죠. 만약 앞으로도 계속 '예측인 척하는 기대'를 하게 된다면 자녀가 대학에 떨어져도 재수, 삼수를 시키려고 할 것이고 그것도 안 되면 외국 유학을 보내려고 애를 쓰게 될 겁니다. '머리가 좋으니 머리를 쓰는 일에서 성공을 거둘 것'이라는 예측인 척하는 기대를 갖고 계시기 때문입니다. 이 길은 진짜 문제를 찾아내지 못하고 있으며, 당연하게도 좋은 답도 절대 찾지 못할 겁니다. 만약, 저 학생의 부모님이 '나는 우리 애가 정말 머리가 좋았으면, 그래서 명문대를 나와서 좋은 직장을 구하면 좋겠지만(기대), 지금까지 키워보니 머리가 그다지 좋은 것 같지 않고 공부에 취미도 점점 없어질 것 같고, 좋은 대학을 가긴 어려울 것 같다(예측). 대신 손으로 뭘 만드는 걸 좋아하니까 그런 쪽으로 뭐든 자기가 좋아하는 걸 하게 해 줘야겠다'고 했다고 가정해 보겠습니다. 이 경우는 기대와 예측을 분리함으로써 내 아이의 '(공부, 머리에 대한)한계'를 알고 접근한 것입니다. 한계로부터 출발했기에 새로운 길, 아마 더 멋진 삶을 열어줄 수 있는 길이 보인 것이 아닐까요?

A 광고주는 TV광고를 선호하는 것 같고, 우리 광고회사도 TV광고를 곧잘 만드는 회사입니다. 그 경우 우리는 이렇게 기대합니다. '우리가 제안한 TV광고로 이 브랜드의 문제를 잘 해결해서 우리도 돈을 벌고 광고주의 칭찬을 받고 광고대행도 경쟁 PT 없이 연장되었으면 좋겠다'고 말입니다. 그리고 그 기대를 백 번, 천 번 머릿속에서 되뇌고 회의실에서 이야기하다 보면 '정말 그럴 것 같다'라는 예측 아닌 예측이 생겨나게 됩니다. 확신을 갖게 되죠. 그런데 현실을 있는 그대로 보면 어떨까요? 예전에는 TV만 보던 그 제품의 소비자들이 모바일과 인

터넷으로 급격하게 이탈하고 있다고 생각해 봅시다. 수많은 데이터가 이를 보여주고 있고요. 그럴 경우 우리가 해야 할 일은 기대가 아닌 예측입니다. 진짜 예측을 통해 '한계'를 만나고 나면, 그 브랜드에게 필요한 매체와 방법, 전략과 아이디어가 나타날 겁니다. 우리(아이디어)가 만병통치약이라고 우기는 내 광고만능주의는 듣는 이(광고주)에게 절대로 공감을 얻지 못합니다. 그보단 '이렇게 말하는 쪽이 훨씬 공감을 얻을 수 있지 않을까요? "저희가 찾은 최선의 광고전략과 아이디어는 바로 A입니다. 하지만 이 방법은 아쉽게도 B라는 한계가 있습니다. 저희는 이를 보완할 장치로 PR대행사를 통해 강력한 언론PR활동을 전개하실 것을 추천해 드리고 싶습니다. 저희가 비록 PR전문가는 아니지만, 저희 쪽에서도 광고와 함께 시너지를 낼 수 있는 PR전략을 작성하여 적극적으로 제안해 드릴 수 있도록 하겠습니다."

자기부정&귀인이론

■

인간이 할 수 있는 최고 수준의 사고

□

어느 날 라디오에서 그러더군요. '인간이 할 수 있는 최고의 사고는 바로 자기부정이다.' 자기애는 우리도 갖고 있고 동물도 갖고 있는 겁니다. 어제의 나를, 오늘의 나를 아끼고 사랑하는 건 꼭 사람이 아니라도 누구라도 너무 쉽게 할 수 있는 것입니다. 하지만, '어제까지 몇 주를 우리가 고생해서 만든, 오늘까지 내가 최고라고 생각하고 있는 것'을 부정한다는 건 쉽게 할 수 없는, 정말 어마어마한 수준의 에너지가 없으면 할 수 없는 고차원의 사고일 겁니다. 저는 좋은 광고를 판별하는 방법을 하나 알고 있습니다. '최상학'을 둘로 나누는 겁니다. '광고를 만드는 광고쟁이 최상학'과 '광고를 보게 될 소비자 최상학'으로 말입니다. 그리고 난 후 광고쟁이 최상학이 소비자 최상학에게 어떤 아이디어를 보여줍니다. '소비자 최상학'이 관심을 갖고 흥미를 보이며 브랜드가 자연스럽게 기억되고 호감이 생긴다면 좋은 아이디어이고 반대의 경우는 좋지 않은 아이디어입니다. 후자라면—아프더라도, 목적을 달성할 수 없는, 즉 무의미한 아이디어이기에—바로 폐기하고 다른 아이디어를 찾아보는 것입니다. 나도 감흥 없는 아이디어를 광고주에게 팔고, 소비자에게 어필하는 게 과연, 가능할까요?

■

PT가 떨어졌습니다 무엇이 원인일까요

□

책상 끝에 아슬아슬하게 놓여있던 컵 하나를 지나가던 누군가가 툭 건드리는 바람에 내 바지에 떨어져서 바지가 다 젖게 되었습니다. 이 컵이 떨어지게 된 이유는 무엇일까요? 책상 끝에 놔두었기 때문이기도 하고 누군가 건드렸기 때문이기도 하고 그때 마침 선풍기가 회전하다가 조금 더 바람이 이쪽으로 왔기 때문이기도 하고 컵의 디자인이 문제이기도 할 겁니다. 세상의 모든 현상은 결코 단 하나의 원인으로 인해 생기는 법이 없습니다. 그런데 문제는 그렇게 수많은 원인 중 '내가 무엇을 원인으로 볼 것인가(정할 것인가)'에 따라 이후의 모든 사고와 행동이 바뀌게 되는 것입니다. 위의 '컵 추락'에서 '그렇게 놔둔 것'을 원인으로 정하면 앞으로 내가 물을 마시고 컵을 두는 행동이 조심스러워지고 바뀌게 될 것입니다. '건드린 사람'을 원인으로 보게 되면 그 사람에게 타박을 하거나 사과를 요구할 수도 있게 됩니다. 선풍기를 원인으로 삼게 되면 선풍기의 강도를 줄이거나 회전하지 않고 고정시킬 수도 있겠군요. 심리학에선 이걸 귀인이론이라고 합니다. 현상의 원인을 나에게서 구하면 '내부귀인', 반대로 외부에서 구하는 경우 '외부귀인'이라고 하죠. 둘의 가장 큰 차이는 내부귀인을 하게 되면 향후 다시 그런 원인으로 발생하는 것을 통제할 수 있게 되나 외부귀인은 그야말로 외부이므로 통제할 수 없다는 것입니다. 자, 그럼 이번에는 컵이 아니라 PT

가 떨어졌습니다. 무엇을 원인으로 볼까요? 가장 마음이 편한 원인은 '광고주가 아이디어를 볼 줄 아는 눈이 없어서' 또는 '대행사로 결정된 A 광고회사 팀장이 광고주 상무와 동문이라서' '(내가 기획팀이라면)전략은 좋았는데 크리에이티브가 별로여서' 같은 것들일 겁니다. 그날 저녁에 같이 소주 한잔하면서 '이런 원인'을 안주로 술을 마시면 맛은 좋겠지요. 다음 PT에서 또 떨어지면 우린, 또 그런 안주가 될 만한 원인을 찾고 있지 않을까요? 반면, 우리가 정말 압도적으로 좋은 제안을 했더라면, 광고주가 어떻든 다른 회사가 접대를 했든 말든 우리가 PT를 땄을 텐데 그렇지 못했기에 우리가 떨어진 것이라고 우리 스스로에게서 원인을 찾고 내부귀인을 하면, 어떤 일이 생길까요? 이번 PT에서 우리가 무엇이 부족했는지 찾아보고 직시하게 될 것입니다. 그리고 다음 PT에서는 그 부분을 보완하기 위해 노력을 하고 있겠지요. 누구나 '우리는 최고인데 다른 사람, 다른 회사가 문제일 거야' 하고 생각하는 게 마음이 가장 편할 겁니다. 하지만 그 생각은 결국 우리에게 '하루 동안의 안주와 위안' 외에는 아무것도 가져다주지 못합니다. 우리의 실력과 능력은 결국 내일도, 그 다음날도 크게 달라지지 않겠지요. 뭔가를 보완해야 하는 부정적인 상황에서는 아프겠지만 내부귀인을 하는 것이 결국 가장 우리에게 유리합니다. 하루만 일하고 말 게 아니라면 말입니다.

있는 그대로 보기

■

귀가 얇다는 것

□

저랑 같이 꽤 오래 일했던 본부장님, 팀원들과 저녁을 먹다가 우연찮게 저의 일하는 스타일에 대해 이런 저런 이야기가 나왔습니다. 그분들 모두가 공통적으로 동의했던 건 저의 가장 큰 장점이 '귀가 얇다'라는 것입니다. 광고라는 건 혼자가 아니라 여럿이 함께 해야 하는 일입니다. 함께 하는 여러 명의 다양한 생각 중 가장 좋은 것을 갖고 가야 우리가 원하는 걸 이룰 텐데, 이것을 찾는 과정에서 과연 내 생각을 어느 정도 고집해야 하느냐, 이건 늘 모두의 고민일 겁니다.
의견도 별로 없고 소신도 없는 사람은 준비를 안 해온 사람일 겁니다. 그런데 반대로 시간을 들이고 공을 들여서 '나의 생각'을 만들고 갈고 닦다 보면 사람은 누구나 점점 자기확신이 강해지게 됩니다. 저 또한 다르지 않습니다. 혼자서 뭔가 찾고 만들다 보면 '이게 최선이고 최고야'라는 생각이 드는 아이디어를 회의 때 제안합니다. 그때 저 스스로는 그 아이디어에 대한 소신과 고집, 자기확신이 가득 찬 상태일 거구요. 그런데 저는 제가 아닌 다른 사람이 발표하는 것 중 제가 보기에 좋은 것(또는 제 아이디어 보다 더 좋은 것)이 있으면 언제 그랬냐는 듯 제 아이디어를 팽개치고 그 아이디어를 다른 사람들에게 설득하려고 합니다. 이런 지점을 그분들이 '귀가 얇다'라고 하는 거겠지요. 제가 그러는 이유는 무엇일까요? 제가 고집도 소신도 없는 무골호인이라서 그럴까요? 아뇨, 그랬다면 이 광고 바닥에서 살아남기 힘들었겠지요. 제가 즉각 제 아이디어를 접는 이유는 단 한 가지입니다.
제 기대는 '내 아이디어가 제일 좋았으면 좋겠다'지만, 있는 그대로 보았을 때 제가 아닌 다른 사람의 아이디어가 '문제를 해결하고 목적을 달성할 수 있는, 더 좋은 생각'이라는 객관적 판단이 들었기 때문입니다. 기대가 아니라 예측입니다. 그런 판단을 하려면 그 자리에 있는 누구보다 더 브랜드와 제품, 소비자와 시장에 대해 넓고 깊게 찾아보고 다양한 가설을 세웠다가 검증하고 기각해 봐야만 하는 것은 당연한 이야기일 겁니다. 기대는 눈을 가립니다. 우리는 그 기대를 눈에서 떼어낼 줄 알아야 합니다. 있는 그대로 보아야만 '예측인 척하는 기대'가 아닌, 진짜 '예측'이 가능합니다. 그래야 목적을 달성할 수 있게 됩니다.

“영혼의 분신”

그렇게 많은 똑똑한 사람들이 왜 본인의 생각과
아이디어가 갖고 있는 단점과 한계를 보지 못하고
끝까지 이게 맞다고 우길까요?
‘이거면 무조건 PT가 된다, 시장이 움직인다’고
주장하고 고집하는 걸까요?
저는 그것이 무척 궁금했습니다.
…
제 아들이 저의 ‘육체의 분신’이라면 우리가 몇 날 며칠을 밤을 새우고
수십 수백 가지를 검토하고 마지막에 선택한 아이디어 혹은
전략은 내 ‘영혼의 분신’ 같은 존재이기 때문은 아닐까요?
내 분신이자 자식 같은 존재이기 때문에
객관적으로 있는 그대로 볼 수 없는 것이지요.
남의 집 자식이 키가 작으면 ‘작다’라고 있는 그대로
볼 텐데, 내 자식은 ’누구에 비하면 큰 편’이라거나
‘내년부터 엄청 많이 클 거다’라는 강력한
기대를 하고 이를 예측의 자리에 가져다 두기 때문에
올바른 판단이 안 되는 것은 아닐까요?
있는 그대로 보아야 한계가 보이고
한계에서 진짜 좋은 방법이 나옵니다.

있는그대로 보는 질문이 아니라 보고싶은것만 보는 질문들

Bad Question인 이유는,
객관적으로, 있는 그대로를 보지 않고
주관적으로 보고 싶은 것만 보고 있기 때문입니다.

학점도 추천서도 꿀릴 게 없으니까 이 회사, 붙지 않을까?
내가 가진 용돈을 다 털어서 프로포즈를 준비했으니 잘 되지 않겠어?
우리 애는 머리가 좋으니까 공부만 하면 금방 서울대 가겠지?
최고의 멤버들이 모여서 이렇게 열심히 준비했는데 이번 PT, 잘 되겠지?

Bad Question to Good Question

'Expectation'에서 'Prediction'을 위한 질문으로

B. 학점도 추천서도 꿀릴 게 없으니까 이 회사, 붙지 않을까?

G. 지금까지 그 회사에서 우리 학교 졸업생을 한 명도 뽑지 않은 이유는 뭘까? 그 이유를 찾아서 대비해 보자.

내 입장에서 보고, 내가 바라는 대로 보면 결국 내가 원하는 대로 살기 어렵습니다. 기대는 잠시 접어두고 누구보다 객관적인 예측을 하려고 하는 순간, 새로운 길이 보이기 시작합니다.

B. 내가 가진 용돈을 다 털어서 프로포즈를 준비했으니 잘 되지 않겠어?

G. 주변에 보니 '어설픈 프로포즈' 만으로는 대부분 실패하던데, 뭐가 더 필요할까?

내가 최선을 다하는 것과 최고의 결과가 나오는 것은 일치하지 않는 경우가 자주 있습니다. 최선을 다했다는 건 최고의 결과가 나왔을 때 하는 말이지 내가 진땀을 다 뺐다고 할 수 있는 이야기는 아닙니다.

B. 우리 애는 머리가 좋으니까 공부만 하면 금방 서울대 가겠지?

G. 이대로 계속 공부해도 괜찮은 대학교는 가기 힘들겠지? 공부 말고 뭐가 없을까?

과거가 쌓인 오늘의 현실을 직시하는 것에서부터 제대로 된 모든 것이 출발합니다. 애정을 쏟아부은 내 전략과 우리 아이디어가, 우리 제품이 세계 최고라고 생각하는 건 우물 안 개구리의 생각입니다. 잠시 기분은 좋겠지만 실패의 지름길입니다.

B. 최고의 멤버들이 모여서 이렇게 열심히 준비했는데 이번 PT, 잘 되겠지?

G. 남들도 우리처럼 미친 듯이 해 올 텐데, 정말 이 전략과 아이디어가 최선일까?

최고의 멤버들은 '우리 회사 최고의 멤버'이지 결코 '광고계의 어벤저스'는 아닐 겁니다. 마지막까지 우리 제안을 비판적 시각으로 봐야 합니다. 부족한 점을 찾아내야 합니다.

CHAPTER 8

BQ

이 도로는 버스전용차선이 안쪽이야, 바깥쪽이야?
요즘 다들 학원, 과외 몇 개씩 시키던데, 우린 뭘 시켜야 할까?
휴가는 역시 여름이지, 올해는 어디로 갈까?
신제품 마케팅 좀 해야 하는데 요즘 다른 데는 어떻게 하고 있나?

마이너가 되려는 질문을 해 보시기 바랍니다

—

BE THE MINOR

에스컬레이터의 99명, 계단의 1명

편하고 쉽고 빠르니까, 늘 그게 당연하니까, 당연히 에스컬레이터에 사람이 많습니다. 그런데, 어떤 1명은 '계단'입니다. 힘들고 피곤할 텐데 '계단'입니다. 고작 하루 계단으로 간다고 딱히 몸과 마음에 큰 변화가 생기는 것도 아니지만 '계단'입니다. 계단은 아무도 안 가니 넓고 한가합니다. 하루의 계단, 힘이 없는 듯 보이나 결국 몸과 마음을 변화시키는 것은 '하루 또 하루'의 계단입니다. 스스로를 변화시키고 세상을 바꾸는 건 결국, 99명이 아닌 1명입니다. 누가 시킨 것도 아닌데, 날씨는 덥고 어제 야근해서 피곤한데 굳이 계단으로 낯선 길로 가는 바로 그 한 명. *소수는 늘 외롭지만, 소수가 되는 걸 두려워하지 말길. 겁내지 말고 감히 소수가 되길, 위대한 소수가 되어 보시길. BE THE MINOR*

공휴일에도 버스전용차로를 이용하지 않는 이유

과천에서 서울로 넘어오는 과천대로는 출근길의 교통체증으로 악명이 높습니다. 단, 하나 예외가 있다면 가장자리의 버스전용차로입니다. 저 또한 아무리 급하고 바빠도 버스전용차로로 들어가지 않았습니다. 단속카메라가 엄청 많거든요. 간혹 버스전용차로로 가는 차를 보면 '어지간히 급한가 보다' 하면서도 '쯧, 바로 단속당할 텐데~' 속으로 그렇게 생각했습니다. 그런데 재미있는 일은, 토요일에 일어납니다. 주말과 공휴일은 버스전용이라는 규칙이 해제됩니다. 그런데도 90%는 차가 많아서 여전히 속도가 느린 일반 차로를 고집합니다. 왜 그럴까요? 토요일인 걸 몰라서? 토요일은 제외라는 걸 몰라서? 아마 알고 있는 사람 중에도 의식적으로 무의식적으로 별생각 없이 일반 차로를 이용하는 사람도 꽤 있을 겁니다. 늘 그렇게 가던 길이니까요. '많은 사람들이 있는 곳에 그냥 있자, 그게 가장 안전하니까' 가끔 관성과 타성은 우리를 Major가 되게, 다수에 속하게 만들어 줍니다. 그리고 우리가 제대로 된 것을 보지 못하게 만듭니다. 깨어있지 못하게 합니다.

줄 서서 먹는 맛집의 Paradox

줄을 서서 먹는 맛집이 가끔 있습니다. 모든 맛집이 그렇지는 않겠지만 가끔 우리는 한참을 기다려서 그 음식과 함께 '불친절'과 '비위생'을 대접받고 오는 경험을 하기도 합니다. 내가 이 돈을, 시간을 들여서 이런 대접을 받으려고 했나 허탈할 때가 있지요. 간혹 시간이 없다 보니 그 맛집 바로 옆에 있는 한가하기 그지없는 '짝퉁식당'에 간 적이 있습니다. 먹어보면 '어, 맛이 비슷한데?' 거기다 가게는 쾌적하고 서비스도 꽤 좋습니다. 맛이 있으니 맛집이지만 또 한편으로 맛집의 다른 정의는 '많은 사람들이 좋아하는' 식당이기도 합니다. 저렇게 많은 사람들이 줄을 선다고 나에게도 최선의 선택인가 생각하고 생각해야 합니다.

생각하는 깨어있는 손을드는 MINOR

■

우리 회사가 너무 어렵습니다 그래서…

□

회사가 어려워 구조조정을 해야 한다고 생각해 봅시다. 경영자의 입장에서는 '나가줬으면' 하는 사람이 있는가 하면 '있어도 좋고 나가도 그만'인 사람도 있고, '아무리 어려워도 절대 나가면 안 된다'고 생각하는 직원도 있을 겁니다. 세 그룹 중에 가장 Minor인 그룹은 어디일까요? 아마 마지막 그룹일 겁니다. 마지막 그룹이 Major라면 회사가 어려워질 일은 절대로 없겠지요. 그들은 아마 나와 같은 입장의 사람들이 싫어하는 일을 스스로 나서서 했고, 일을 할 때 남들보다 한 번 더 생각해서 준비하고 실행했을 겁니다. 하나만 해도 될 일을 혹시 몰라서 두 개, 세 개를 준비했을 테고, 결국 남들보다 더 크고 놀라운 퍼포먼스를 보여줬을 겁니다. 그들이 그렇게 일할 때 누군가는 이렇게 말했을 겁니다. '에이, 뭐 그렇게까지… 죽기 살기로 하지 말고 남들처럼 좀 살살해.' 이렇게 말했던 사람은 위의 세 그룹 중 어느 그룹에 속해 있을까요? Major일까요, Minor일까요?

■

저기에 사람이 많으니 우리도 저기로 가자

□

전쟁은 무섭습니다. 나와 내 가족에게 가해질 수 있는 신체적, 정신적 피해가 통제 불가능한 상황이기 때문입니다. 우리 머릿속에 그려져 있는 '전쟁이 나면 일어날 수 있는 가장 무서운 일'은 아마 적군의 총이나 폭탄에 의해 다치거나 죽는 것일 테지요. 그런데 실제는 좀 다르다고 합니다. 전쟁에서 민간이 10명이 죽거나 다친다면 그중 적군의 직접적인 공격에 의해 피해를 본 사람은 1~2명이고 나머지 8~9명의 사람은 적군이 아니라 '다른 사람들' 때문에 다치거나 죽게 된다고 합니다. 나와 같은 입장의 다른 사람들, 즉 피난민일 수도 있고 동네 주민일 수도 있겠지요. 누군가의 이기심, 욕심 혹은 식량과 같은 필수 자원의 부족 등 다양한 이유가 있을 겁니다. 적군의 공격 또한 효율성을 높이기 위해 '사람들이 많은 곳'을 공격의 목표로 할 수도 있고요. (절대 일어나지 않아야 합니다만) 전쟁이 나면 대다수의 사람들은 대피소로 가든가, 차를 갖고 고속도로로 가려고 할 겁니다. 그런데 그곳은 '가장 많이 사람이 몰려 있는 곳'입니다. 어쩌면 적군의 총이나 대포보다 더 무서운 곳일 수도 있습니다. 그럼에도 사람들은 '사람이 많이 모여있는' 곳으로 가려는 본능이 있습니다. 맛집처럼 말입니다. 이 본능은 우리가 동굴에 살던 시절부터 많은 경우 우리에게 꽤 도움이 됐습니다. 독초가 아니라 검증된 식물을 먹을 수도 있었고, 유용한 정보를 얻을 수도, 혼자서는 엄두가 안 나는 큰 짐승을 사냥하는 데 낄 수도 있었을 겁니다. 하지만, 한 번만 더 생각해 보면 때로 어떤 경우에는 쉽게 '다수파'가 되는 건 마음에 안심이 될 뿐, 실제로 나에게 실질적인 혜택보단 손해가 많은 경우가 있습니다. 그것은 '생각하지 않고 깨어있지 않은' 것에 대한 대가를 치르는 것은 아닐까요? 이런 관점에서 보면 위의 경우에 어쩌면 최선의 답은 '최대한 사람들이 없을 만한 곳'을 찾아서 숨든가, '사람들이 없는 길'로 부지런히 도망을 가든가 하는 것이 아닐까요?

■

산해진미가 나와도 절대 나가지 않으려는 자리

□

질문 하나 드립니다. '진귀하기 이를 데 없는 산해진미가 차려졌지만 절대 참석하지 않을 식사 자리는?' 광고회사에 다녀 본 분들은 이 문제의 정답을 금방 맞히실 겁니다. 네, 정답은 '광고주와의 식사 자리'입니다. 특히나 제작팀에 계신 분들은 광고주와의 커뮤니케이션이 주 업무가 아니므로 더더욱 그런 성향이 강한 것 같습니다. 광고쟁이들이 광고주를 어려워하고 꺼리는 것을 이해하지 못하는 것은 아닙니다. 그야말로 우리에겐 '갑'인 분들이라 그분의 성격이나 인품과는 무관하게 불편해할 수는 있습니다. 마음을 터놓기보단 긴장을 해야 하는 자리이고 그러다 보니 밥이 입으로 들어가는지 코로 들어가는지 모를 정도지요. 그것이 대다수의 우리, Major입니다. 그런데, 한 번 생각해 볼까요? 우리가 '문제를 해결하는 일'을 제대로 하려면, 우리가 알기 어려운 해당 업종의 진짜 속 깊은 이야기를 알려면, 공식적으로 말하긴 어려운 핵심의사결정권자인 광고주 임원들의 성향이나 취향이나 최근 광고주 회사의 주요 이슈 등을 알기 위해서는 누구를 만나야 할까요? 누가 과연 우리에게 그 회사와 그 제품, 그 업종의 "진짜 이야기"를 해 줄 수 있을까요? 본인의 노력과 시간을 들여서 말입니다. 광고는 결코 예술이 아닙니다. 예술이어서는 더더욱 큰일 납니다. 제가 그리 좋아하는 표현은 아니지만, 누군가는 광고를 '자본주의의 꽃'이라고 했다고 합니다. 돈을 써서 목적을 이루려고 하는, 이뤄야 하는 합목적적인 설득커뮤니케이션이 광고입니다. 목적을 더 잘 이루기 위해서는, 광고주와의 밀접한 커뮤니케이션은 정말 유용하고 효과적입니다. 누군가 말하듯 '사적인 커뮤니케이션은 공적인 커뮤니케이션을 공고화'합니다. 자주 보고 많이 봐야 인간적 친밀감이 생기고 친밀감은 더 많은 공식, 비공식적 정보를 얻게 해 줍니다. 그리고 그 정보들이야말로 '헛다리 짚는 일'이 생기지 않게 해 주는 것입니다. 내가 좋아하고 원해서가 아니라 우리가 해야 하는 일을 더 잘하기 위해 광고주와 자주 만나야 한다고 생각합니다. 광고가 아닌 다른 일에서도 이런 관계는 어디에나 있을 겁니다. 불편하니까 피하면 결국 나와 우리 회사의 손해입니다.

■

불편한 자리에 기꺼이 참석하는 Minor

□

검도에선 상대방이 밀고 들어올 때 절대 뒤로 피하지 말라고 가르칩니다. 상대의 기세가 강하다고 뒤로 물러서는 순간, 상대방은 따라 들어오며 거리를 충분하게 만들어 타격을 하고 이는 나의 패배로 연결되기 때문에 오히려 밀고 들어오는 상대에겐 오히려 맞받아서 들어가라고 하는 거죠. 내가 들어가 버리면 오히려 상대가 원하는 간격이 생기지 않아 상대는 쉽게 타격을 할 수 없게 되기 때문입니다. 간혹 만나게 되는 '센' 광고주도 마찬가지입니다. 상대가 세다고 뒤로 물러나고 자리를 피하면 나의 손해(설명의 기회 상실, 충분한 정보의 부족 등)입니다. 오히려 어떻게든 자리를 만들고 만나고 부딪혀야 활로가 열립니다. 그러다 보면 어느새 광고주가 우리를 인정하게 되는 경우를 보게 됩니다.

■

우리가 중간만 가면 안 되는 이유

□

어릴 때 북한 평화의 댐이 그랬고 몇 년 전 제주도 7대 자연경관을 위한 전화투표가 그랬던 것 같습니다. 명분이 중요하고 훌륭하니까 묻지 말고 그냥 하라는 분위기. 그리고 많은 사람들이 이미 했다고 합니다. 의문을 품을 생각을 하지 않고 바로 따라 하는 것이 우리의 Major라면, 과연 이것이 그 의도와 명분대로 제대로 되고 있는 것인가에 의문을 품고 결정을 유보하고 찾아보고 생각해보고 합리적으로 고민해 보는 것이 Minor의 길입니다. '중간만 가자'라고 보통 말합니다. 저는 이 말이 참 한심하다고 생각합니다. 중간만 가려고 하다간 정말 평생 중간만 가게 됩니다. 심지어 미끄러지면 중간도 못 가게 되겠지요. 지금 당장 편하게 살려면 많은 이들이 모여있는 Major가 맞습니다. 지금은 피곤해도 결국 제대로 뭔가 하고자 한다면 때로 Minor가 되는 것을 두려워하지 말아야 합니다.

■

Raise hand, Right now!

□

예전 PC브랜드의 광고를 담당할 때 인텔에서 실시하는 인텔인사이드 프로그램과 관련해서 교육을 받으러 간 적이 있었습니다. 모인 50여 명은 모두 다른 회사 사람들이라 서먹한 분위기 그 자체였지요. 당시, 강사는 '교육내용의 전달과 집중하는 분위기를 만들기 위해' 좀 전에 교육했던 내용의 일부를 갖고 갑자기 퀴즈를 냈습니다. 마침 앞에 앉아있기도 했고 기억이 나는 쉬운 내용이라 저는 손을 번쩍 들었고, 답을 맞혔습니다. 다른 사람들은 손을 들지 않았지요. 강사는 제게 탁상용 시계를 선물로 줬습니다. 그리고 이어서 두 번째 퀴즈를 냈습니다. 어떻게 됐을까요? 열 명의 손이 위로 올라갔습니다. 저도 손을 들었고 그들도 들었습니다. 처음의 저는 경쟁률이 1:1이었고 이후에 손을 든 그분들은 10:1이었습니다. 손을 들어야 합니다. 그것도 가장 먼저 손을 들어야 합니다. Minor가 되는 걸 괘념치 말고 가장 먼저 손을 들어야 합니다. 늘, 그 사람은 가장 좋은 것을 가질 확률이 가장 높습니다. "갑자기 너희 팀장이 휴가로 빠지는데 어떡하지? PT 어떡하지?" 네, 맞습니다. 가장 먼저 당신이 오른손을 번쩍 들어야 합니다. 지금 당장 말입니다. 아마, 당신의 Work Career에 새로운 길이 열릴 겁니다. 세상과 스스로를 바꾸는 건 결국 '가장 먼저 손을 드는 사람'입니다.

MINORITY

우리가 가장 선호하는 것
무리의 일원이 되는 것
이왕이면 더 큰 무리에 소속되는 것
왠지 안전할 것 같으니까
생각, 고민을 덜 해도 되니까
하지만 이는 결국 마음의
위안밖에 안 되기도 합니다.
기꺼이 생각하는, 손을 드는,
깨어있는 소수가 되시길

토끼띠가 아니라 청구개리띠

엄연히 토끼띠인 제게 저희 어머니는 늘
'청개구리띠'라고 하셨습니다.
어릴 때부터 항상 자꾸 '왜?'를 입에 달고
다니고 하라는 대로 고분고분히 말을
듣기보단 뭔가 다르게 했기 때문일 겁니다.
무언가 새로운 방법을 찾고, 고민하고,
만드는 데에 '청개구리띠'는
너무나 큰 도움이 되는 것 같습니다.
각자의 마음속에 있던 청개구리 한 마리를
깨워보시길. 'Minor가 되는 두려움' 따위는
그 청개구리가 꿀꺽 삼켜 버릴 테니까요.

생각하고 깨어있으려는 질문이 아니라 두렵지않은 삶을위한 질문들

“”

이 질문들이 Bad Question인 이유는,
불편해도 깨어있는 Minor가 되기보단
당장 마음 편한 Major를 위한 질문이기 때문입니다.

이 도로는 버스 전용차선이 안쪽이야, 바깥쪽이야?
요즘 다들 학원, 과외 몇 개씩 시키던데, 우린 뭘 시켜야 할까?
휴가는 역시 여름이지, 올해는 어디로 갈까?
신제품 마케팅 좀 해야 하는데 요즘 다른 데는 어떻게 하고 있나?

Bad Question to Good Question

'Mindless Major'에서 'Awakened Minor'를 위한 질문으로

B. 이 도로는 버스 전용차선이 안쪽이야, 바깥쪽이야?

G. 버스 전용을 주말에는 안 한다고도 하던데? 한번 찾아볼까?

모두와 함께 있으면 마음은 편합니다. 그런데 좀 있으면 몸이 불편해지기 시작합니다. 어쩌면 그것은 당신이 별생각 하지 않았던 것에 대한 대가일 수도 있습니다.

B. 요즘 다들 학원, 과외 몇 개씩 시키던데, 우린 뭘 시켜야 할까?

G. 애한테 쓸 수 있는 돈은 정해져 있는데, 남들 다 한다고 하는 게 맞을까?
정말 아이의 평생을 위해서는 지금 뭘 해주는 게 맞을까? 여행? 경험? 뭘까?

결국, 아이의 행복을 위한 부모의 지원과 투자라면, 가장 먼저 가장 깊이 고민해야 할 것은 '아이의 행복'을 정의하는 것이어야 합니다. '아이의 행복'이라고 하고 실은 '부모의 안심'을 위한 비용이었는지도 모릅니다.

B. 휴가는 역시 여름이지, 올해는 어디로 갈까?

G. 여름에 가 봐야 가장 비싼 사람 구경일 테고, 남들이 피하는 게 언제일까?
일 년에 한 번인데 우리 가족이 가장 행복하게 즐길 수 있는 건 언제일까?

한동안 누구나 뜻을 알든 모르든 이야기하던 '블루오션'을 기억하실 겁니다. 휴가의 목적이 "잘 쉬고 푹 쉬고 재충전하는" 거라면 아이러니하게도 한여름은 최악의 선택인 경우가 자주 있지요.

B. 신제품 마케팅 좀 해야 하는데 요즘 다른 데는 어떻게 하고 있나?

G. 아무도 안 하던 거라도 괜찮으니까 찾아볼까?
그나저나 요즘 우리 소비자들은 어디서 놀고 뭘 좋아하지 ?

남들만 쳐다보면 절대 남들을 앞지를 수 없습니다. 나만의 방식, 우리만의 방법이 필요합니다. 본질과 목적과 가장 중요한 사람에게 집중해야 합니다. 혹시 그 길이 아무도 없는 길이더라도 용기를 내서 가면 언젠가 남들이 갖지 못한 것을 가질 수 있게 됩니다.

CHAPTER 9

BQ

이번 PT, 따기만 하면 대박인데 우리 회사에서 누가 PT를 제일 잘하지?
제작팀 OT는 무사히 끝냈으니 이제 쌈빡한 아이디어만 뽑으면 되겠지?
OO 식품 홈페이지, 기사, 광고, 사보, 예전 광고기획서 다 모은 거지?
광고주 연수원에는 왜 오라는 거야? 우리회사 연수원도 안 가는데?

더 깊이 몰입하려는 질문을 스스로에게 던져야 합니다

-

METHOD ADVERTISING

Who is This Actor?

나는 낭만적, 환상적 인물 만들기가 아니라
모든 것을 구체적이고 현실적으로 만들고 싶고, 환상을 깨고 싶다.
또 나만의 스타일을 갖길 바라지 않는다.

천의 얼굴, Robert De Niro

뉴욕에서 몇 달간 실제 택시운전사로 일하고 / 마피아 본거지 시칠리아로 가서 방언을 익히고 / 원래 색소폰 연주자인 것으로 착각할 만한 수준으로 색소폰을 익히고 / 제철소 직원들과 함께 일상을 보내서 친구가 되고 공장에서 근무를 청하고 / 전성기의 복서와 나락에 떨어진 이후 모습을 보여주기 위해 8주간 27kg 찌우고 감량하고 / 뚱뚱한 알카포네 역할을 위해 머리를 뽑고, 살을 찌우고 실제 그의 재단사에게 옷을 만들어 입고 / 그는 맡은 배역을 완벽히 소화하기 위해 자신의 외부적 조건을 변화시키며 역할에 몰입하는 연기 스타일을 추구했습니다. 연기법에 "De Niro's approach"라는 이름이 붙을 정도로 '완벽한 몰입'에서 나오는 그의 연기는 이후 많은 배우들에게 영향을 끼쳤다고 합니다. 많은 사람들에게 '천의 얼굴의 사나이'로 불리고 오랫동안 최고의 배우 중 한 명으로 인정받고 있는 이유도 그의 신들린 연기력 때문이겠지요.

METHOD ACTING

메쏘드 연기는 연기자와 극중 인물을 일치시키는 기법으로, 연기자가 정신과 육체 등 모든 면에서 드라마 속의 인물에 이입되어 연기하는 것을 말한다 _시사상식사전, 박문각

깊이있게 들어가서
몰입하고 동화되어
생생하게 전달하는

그렇다면,
METHOD ADVERTISING
도 있을 수 있지
않을까요?

공장에, 대리점에, 마트에
브랜드가 격전하는 현장에
소비자의 실제 삶 그 순간에

공장에서만 알 수 있는
영업사원들의 인싸이트에서 나온
소비자의 입에서 나온

그래서 광고주가 끄덕이고
소비자를 움직이게 하는
힘이 있는, 진정성 있는

몰입 생생 광고

Client& Consumer

단, 메쏘드 연기는 내가 맡은 배역 한 명에만 집중하면 되지만
메쏘드 광고는 양쪽 모두 깊이 있게 들어가고, 몰입해야 합니다.

30년간

한 광고회사에서 진행해 온 '우리강산 푸르게 푸르게' 캠페인의 첫 번째 경쟁 PT 오리엔테이션을 받았습니다

“가자 당장, 그 숲으로”

기업 PR 광고는 제품이 손에 잡히지 않아 원래 다들 어렵다고 합니다. 거기다 다들 별로 아는 것도 없고 평소 관심이 없는 ‘숲’이 주제인 데다, 30년 역사의 국가대표 공익캠페인이라 무슨 이야기를 해야 할지 막막했습니다. 30년간의 조림, 육림 역사를 오리엔테이션에서 자세히 들은 후에도 너무 막막해서 우리는 일단 유한킴벌리가 조성했다는 숲을 찾아가 보기로 했습니다. 처음 가 본 1월의 서울숲, 그렇게 큰 줄 미처 몰랐습니다. 나무는 대부분 비슷비슷하게 생겼고, 건물처럼 잘 보이게 간판이 있는 것도 아니고, 한 시간 반을 헤매다 겨우 찾았습니다. 그때 이런 생각이 들었습니다. ‘유한킴벌리는 누가 보든 말든 묵묵히 꼭 필요한 곳에 이렇게 숲을 만들어 왔구나’ 우리는 ‘우리강산 푸르게 푸르게’에 마음을 빼앗기기 시작했습니다.

마음을 빼앗겼으니
PT는 꼭 따오고 싶었습니다

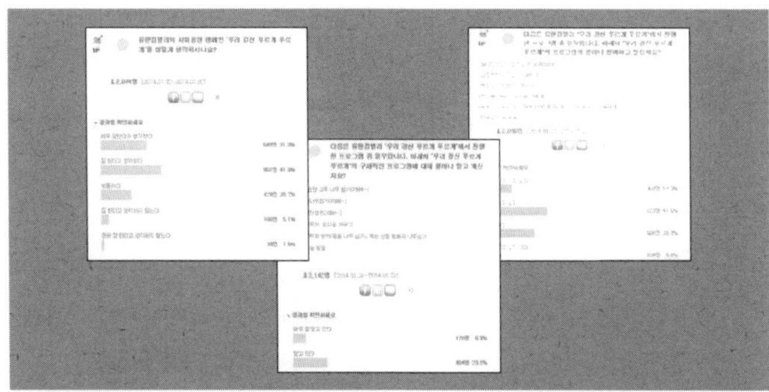

두 번의 숲 여행, 정량조사는 기본이고 일반인 대상 1:1 심층면접을 했습니다. 인터넷 검색을 통해 '숲 전문가'라고 할 만한 많은 분들께 인터뷰를 요청 드렸고 몇 분을 만났습니다. 유한킴벌리에서 하고 있는 가장 중요한 연중행사인 '신혼부부 나무 심기 & 여고생 그린 캠프'에 실제 참여했던 분들을 수단과 방법을 가리지 않고 찾아내고 가서 뵙고 인터뷰를 했습니다. 우리가 할 수 있는 모든 걸 상상하고 행동으로 옮겼습니다. 그리고 감사하게도 국가대표 공익캠페인을 진행할 수 있었습니다.

The Manufacturing Industry

제조업의 Soul은
강남의 멋진 본사 건물이 아니라
지방 어딘가의 공장에 있다고
저는 늘 생각해 왔고 지금도 그렇습니다

공장 한쪽에 숨겨 둔(?) Soul of The Company

본사 건물에 엘리베이터 없어

신약 개발 주력 "FTA 겁 안나"

'짜 먹는 감기약 콜대원'의 런칭광고 PT를 준비할 때 친절한 광고주를 귀찮게 해 가며 화성시에 위치한 화성향남제약공단에 있는 대원제약공장까지 달려갔습니다. 워낙 위생이 중요한 제약업이고 대원제약공장의 수준이 높아서 거의 전자동 무인생산시설인 공장을 견학하고 나오면서 뭔가 더 좋은 힌트가 될만한 게 없을까 조금 아쉬웠습니다. 그러다 나오면서 발견한 것이 있었습니다. 바로 공장 입구 한쪽에 작게 마련된 홍보관. 창업 이후의 역사를 보여주는 오래된 기사와 핵심 경영철학을 짐작할 수 있는, 다른 곳에서는 구할 수 없는 자료들이 있었습니다. 거기서 전 '동반자'라는 키워드를 얻었습니다.

동반자로 시작해서 동반자로 끝난 PT

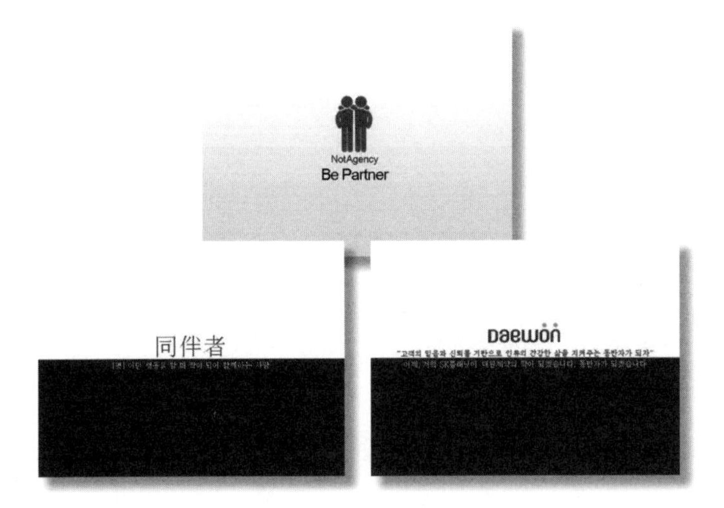

제가 쓴 기획서의 첫 장과 마지막 두 장입니다.'광고주의 돈을 따먹으려는 에이전시(누군가 한없이 대행사를 나쁘게 보는 관점)'가 아니라 광고비의 다소를 떠나서 '대원제약의 성공이 우리의 성공이 되는 파트너'가 되겠다고 말씀드렸고 그렇게 약속했습니다. 아이디어 제안에서도 진정성 있는 동반자답게 더 제안해 드릴 게 없는지 고민하고 추가하고 또 고민했습니다. 대행사로 선정된 후 전략과 아이디어에 관해서도 좋은 말씀을 해주셨지만 '파트너, 동반자가 되겠다'라는 이야기가 뇌리에 강하게 남았다고 말씀해 주셨던 기억이 납니다. 저희 팀과 대원제약 광고팀이 직접 추석 연휴 고속터미널에서 콜대원 홍보물을 배포하고 각자 개인 차량에 콜대원 스티커를 부착할 정도로 1년간 신나고 재미있게 일했습니다.

모든 PT 때
저는 가급적 제가
소비자와 주요관계자
심층면접용 설문지를 작성하고
심층면접을 직접 진행합니다
왜 그렇게 피곤하게
하냐고요

저는 광고기획이라는 저의 직업이
CSI같다는 생각을 종종 합니다
CSI는 사건이 일어나면 확보된 정보를
바탕으로 가설 A를 세우고 검증하고
아닌 것으로 확인되면 즉시 폐기하고
다시 가설 B를 찾고 검증하고 폐기합니다
이런 식으로 진범을 찾을 때까지
그들은 위의 과정을 반복합니다
제가 PT를 이렇게 피곤하게 하는
이유는 보여주기식이 아니라
유효한 가설을 찾기 위해 정보를
최대한 넓고 깊게 얻어내기 위해서입니다
진범(브랜드의 진짜 문제)은
반드시 잡아야 하니까요

METHOD ADVERTISING

몰.입

진정성을 표현 & 전달하기 위한

생.생

살아있는 말, 진짜 그 사람 같은 행동

METHOD MARKETING
METHOD SALES
METHOD PR
METHOD(?)

'메쏘드 광고'가 가능하다면,
세상의 어떤 다른 일도 가능할 겁니다.
위의 물음표 자리에는 어떤 일이든 다 들어갈 수 있지 않을까요?

극성스럽거나 절실하거나

■

전혀
아닌 것 같이
생겼지만
개 진짜
FM이야

□

결국, 경쟁 PT와 같이 치열한 경쟁에서는 누가 '더 극성스럽고 누가 더 절실한가'가 승패의 관건이라고 생각합니다. '뭘 그런 것까지…'라고 하는 그 지점을 어느 쪽이 하느냐가, 누가 하나를 더 하느냐가 결정짓습니다. 대부분은 몰라서 안 하는 게 아니라 안 해서 못하는 것이라고 생각합니다.

예전에 TF팀으로 같이 PT를 진행했던 어떤 선배가 다른 후배들에게 저를 이렇게 평했다는 이야기를 들은 적이 있었습니다 '왠지 명색이 광고를 한다는 사람이 'FM'이라면 창의적이지도 않고 고리타분해 보이는 느낌'이 들어서 그 당시엔 썩 기분이 좋지만은 않았는데 시간이 지나고 나서 제가 알게 된 두 가지는 '해야 할 것은 꼭 해야 하고 못 하고 안 하면 불안하고 불편한' 저는 누구보다 진짜 FM이 맞다는 것, 그리고 제게는 '이 길이, 이 방법이 맞다'라는 확신이었습니다. 사실, Method Advertising이라고 조금은 거창하게 말씀드렸지만 '광고주와 소비자를 깊이 있게 제대로 연구해야 한다'라는 건 모든 광고책에 뻔하게 나와 있는 이야기입니다. 그야말로 FM인 것이죠. 문제는, 그리고 기회는 '대부분 다들 FM대로 하지 않는다'는데 있다고 생각합니다. 당신이 오늘부터 FM대로 한다면 전혀 다른 결과를, 모두가 만나고 싶었던 결과를 만나게 될지도 모릅니다.

■

진짜 질문을 통해 진짜 답을 찾는 일

□

Method Advertising을 위해서는 지금까지 말씀드렸던 8개의 키워드가 모두 필요합니다. '합목적적 상상력'이 있어야 하고 생각에 그치는 것이 아니라 'DOING' 해야 합니다. 'YOU'의 입장에서 새롭고 진정성이 느껴져야 하고, 하고자 하는 그것이 브랜드, PT의 '본질'과 관련이 있는지 끊임없이 고민해야 하며 막연한 기대가 아니라 '예측'을 통해 객관적으로 직시하고 수정, 보완해야 합니다. 아무도 안 했던 방식이라고 머뭇거리지 말고 과감하게 당당하게 해 버리는 'MINOR'가 되면 됩니다. 그리고 이 모든 과정에서 항상 지금 갖고 있는 '질문'이 틀린 것은 아닌지 의심하고 또 의심해야 합니다. 결국, 'Method Advertising'은 '진짜 질문을 통해 진짜 답을 찾는' 일이라고 말씀드릴 수 있습니다.

세상에는 두 종류의

하나는
싸워서 이기는 것

전자가 PT 시간 30분에 포커스 해서
'어떻게 잘 전달할까'라면

전자가 '열심히 최선을 다하면 하늘이 도와주시겠지
늘 하던 대로 하고 결과는 하늘에 맡기자'하는 마음이라면

'이기는 방법'이 있습니다

또 하나는
이기는 싸움을 하는 것

후자는 경쟁 PT 준비 기간 3주를
'어떻게 더&잘 준비할까'입니다

후자는 '나는 최선의 한계를 본 적이 없다. 모든 PT는 다 다르다.
지금 이번 PT를 위해 내가 무엇을 더 할 수 있을까?'라는 마음으로 3주 내내
몰입, 집중함으로써 이미 Winner가 되어서 PT 장소에 들어갈 수 있습니다

이기는 싸움을 하려는 질문이아니라 싸워서 이기려는 질문들

이 질문들이 Bad Question인 이유는,
하던 대로 하려는 또는 승패를 하늘에 맡기려는 질문이기 때문입니다
이번 PT, 따기만 하면 대박인데 우리 회사에서 누가 PT를 제일 잘하지?
제작팀 OT는 무사히 끝냈으니 이제 쌈빡한 아이디어만 뽑으면 되겠지?
00 식품 홈페이지, 기사, 광고, 사보, 예전 광고기획서 다 모은 거지?
광고주 연수원에는 왜 오라는 거야? 우리 회사 연수원도 안 가는데?

Bad Question to Good Question

'피상과 관습'에서 '몰입과 메쏘드 광고'를 위한 질문으로

B. 이번 PT, 따기만 하면 대박인데 우리 회사에서 누가 PT를 제일 잘하지?

G. 이번 PT를 따려면, 지금까지 PT 때 우리가 안 하던 것 중에 뭘 해야 할까?

지금까지 PT는 최선을 다하고 하늘의 결과를 기다렸다면 이번 PT는 하늘이 개입할 새도 없이, 광고주만 보고도 입이 쩍 벌어지게 만들어야 합니다. 하던 대로의 승률이 50%였다면 이번엔 그 확률을 최대한 끌어올릴 방법을 강구해야 합니다.

B. 제작팀 OT는 무사히 끝냈으니 이제 쌈빡한 아이디어만 뽑으면 되겠지?

G. 2차, 3차 추가 OT를(추가 input) 제작팀에 더 주려면 뭘 더 찾아보면 될까?

인풋이 달라야 아웃풋이 달라집니다. 지난번 PT가 떨어졌을 때와 똑같은 수준으로 제작팀에게 인풋을 주는데 결과가 어떻게 확실하게 더 좋아질 수 있을까요? 더 좋은 인풋을 주고, 더 많이 인풋을 주면 반드시 더 좋은 아웃풋이 나오게 됩니다.

B. 00 식품 홈페이지, 기사, 광고, 사보, 예전 광고기획서 다 모은 거지?

G. 공장은 어디 있대? 직원 지인 중에 직원 찾아봤어? 대리점주는?
마트 판촉행사를 우리가 잠시라도 해 볼 수 있는 방법이 없을까?

2차 자료는 누구나 모읍니다. 그건 당연합니다. 그 자료는 이번 PT에 들어오는 모든 회사가 다 보고 오는 겁니다. 같은 걸 보고 듣고 어떻게 다른 전략과 다른 아이디어가 나올 수 있을까요? '브랜드와 소비자 사이의 진실'에 접근할 모든 방법을 상상해보고 실행에 옮겨야 합니다.

B. 광고주 연수원에는 왜 오라는 거야? 우리 회사 연수원도 안 가는데?

G. 기획은 전부 다 가고, 제작팀도 가면 좋겠는데 TO가 얼마나 있대?

연수원에는 창업주와 관련한 자료부터 그 회사의 문화를 짐작할 수 있는 다양한 힌트들이 즐비합니다. 우리 아이디어를 광고주가 사든 말든 상관없다면 모르겠으나 광고주가 사게 만들어야 한다면 애초에 팔릴 수 있는 아이디어가 있어야 합니다. 그러기 위해서는 어떤 회사인지를 피상적으로 훑는 것이 아니라 속으로 들어가서 깊이 보는 것이 굉장히 유리합니다.

CHAPTER 10

BQ

어떤 업종, 어느 회사가 연봉, 인센티브, 복리후생이 제일 좋을까?
이런 일하려고 내가 고생해서 대학 나왔어? 확 내일 들이받아버릴까?
주식시황이 좋다던데, 어느 회사주식을 사 두면 오를까?
그 사람이 여기서 이러지 말고 자기랑 미국 가자던데? 가는 게 맞겠지?

우리의 인생에서 가장 중요한 질문을 소개합니다

-

DESTINATION

친구와 함께 여행을 갑니다
첫 번째이자, 가장 중요한 준비물은 무엇일까요

뭘 타고 갈 것인지
여행 경비는 얼마나
가다 먹을 간식과 음료
차에 기름이 얼마나 있는지

뭔가 빠진 거 같지 않으세요?

DESTINATION

목적지

목적지는 정말 중요합니다
목적지는 가장 중요합니다

여기, 정말 좋은 자동차를 타고 여행을 시작한
친구들의 이야기를 들어보시겠어요?

좋은 차와 어딘지 모를 곳으로

일단, 여행을 가기로 했습니다. 친구네 집에 있는 정말 좋은 차를 타고 출발합니다. 마침 수중에는 막 써도 되는 여행경비도 몇 천만 원이 있습니다. 출발이 너무 신납니다. 신나는 음악을 쿵짝쿵짝 울리며 경부고속도로 톨게이트를 통과했습니다. 신갈IC입니다. 경부를 계속 타고 갈 건지, 영동으로 갈아탈 것인지 결정해야 합니다. 이때, 한 명이 말합니다. "영동에 있는 덕평휴게소가 짱 좋아~! 거기 가자!" 그래서 강릉방면으로 일단 꺾었습니다. 새로 만든 깨끗한 화장실에 갔다가 일반 휴게소에는 없던 맛있는 간식을 사 먹고 쇼핑도 합니다. 그리고는 다시 출발합니다. 그런데, 갑자기 폭풍우가 쏟아집니다. 날씨가 갑자기 너무 추워졌습니다. 그리고 우박이 떨어지기 시작합니다. 비바람과 우박 탓인지 도로 한복판에 나무 한 그루가 쓰러져 있습니다. 그리고 친구들이 이야기합니다. "야, 그냥 차 돌려서 돌아갈까?", "날씨가 너무 안 좋다, 그치?" 아마 날씨가 괜찮았다면 다음 갈림길에서는 이런 이야기가 오갔을 겁니다. "A 고속도로가 새로 닦아서 달리기 좋대. 그리로 가자.", "B 도로가 경치도 좋고 화장실이 깨끗해.", "아 몰라, 아무 데로나 가.", "힘들고 피곤하다. 그냥 집으로 가자." 이 친구들은 출발은 신나게 했는데 왜 이렇게 우왕좌왕일까요? 왜 그날 저녁에 다시 서울로 돌아왔을까요? *정말 가고 싶은, 절실하게 꼭 가고자 하는 "목적지"가 없었기 때문입니다.*

부산밀면 동호회가 여행을 가는 방법

당신은, 한 번도 부산에서는 부산밀면을 먹어본 적이 없는 서울의 '부산 밀면 동호회원'입니다. 드디어 당신은 의기투합한 회원들과 함께 부산밀면의 성지인 부산역 앞 'A 밀면'으로 떠나기로 했습니다. 그런데, 자동차라곤 다른 회원의 20년 된 고물경차뿐입니다. 그래도 개의치 않습니다. 차가 중요한 게 아니니까요. 모두가 잔뜩 기대를 품고 톨게이트를 통과하고 가는데 갑자기 폭우가 쏟아집니다. 우박이 떨어집니다. 그리고 도로 중간에 나무 한 그루가 쓰러져 있습니다. 그래도 웃으면서 즐겁게 심지어 나무를 손수 치우고 계속 갑니다. *우리는 자랑스러운 '부산밀면 동호회'니까요.* 이들은 가야 할 목적지가 너무나 명확합니다. 어떤 갈림길에서도 우리는 흔들리거나 망설이지 않습니다. 서울에서 부산으로 가는 길은 정해져 있으니까요. 만약 도로가 통제라면 돌아서라도 부산으로 갑니다. 거의 다 와서 차가 퍼지고 맙니다. 그래도 자전거를 빌려서 혹은 걸어서 갑니다. 그들은 부산밀면을 너무나 사랑하기 때문입니다. *우리가 어디로 가는지, 어디로 가야 하는지 알고 있는 것이 중요합니다.*

인생을단한번의 여행이라한다면 당신은당신만의 부산밀면이있나요? 그것이무엇인가요?

여행한번이야아니다싶으면돌아오면되지만 삶은유턴도쉽지않고갈림길에서어디로갈지 모르면정말답도없고힘듭니다지금타고있는 차가뭔지배기량이얼마인지가아니라어디로 갈것인지를아는게더중요합니다

Life is made of 3words

WANT
KNOW
DO

'Doing is All'을 이야기 하면서 잠깐 말씀드린 바와 같이 저는
우리 인생의 모든 일은 결국 '원하고, 알고, 하고'의 3단계가 아닐까라고 생각합니다.
낚시를 예를 들어 보죠. 한 번도 낚시를 해 보지 않은 누군가가 어떤 이유로든
'옥돔을 꼭 잡고 싶다'라고 원합니다. 그래서 그는 낚시에 대한 정보를 모으고 지식을 습득합니다.
그리고 드디어 그런 정보와 지식을 바탕으로 제주도에 가서 직접 낚시를 하게 되는 거죠.
그런데, 저는 우리가 유독 'Know'에 큰 비중을 두고, 많은 에너지를 쓰는 것은 아닐까 하는 생각을 했습니다.
제가 하는 광고를 예로 들면 다들 '광고를 잘 하는 방법'에 대한 공부와 지식, 정보 습득에는
많은 노력을 기울이지만 상대적으로 '그것을 실제로 행동에 옮기는 것'에는
그만큼 에너지를 쏟지 않는 것 같습니다. 그리고 또 하나, 왜, 얼마나 내가 광고를
하고 싶은지, 즉 'Want'에 대해선 간과하고 깊이 생각하고 있지 않은 것 같습니다.
앞의 여행 얘기에서도 말씀드렸다시피 저는 '목적지'가 가장 먼저이고
가장 중요하다고 생각합니다. 목적지는 결국 '궁극의 Want'라고 할 수 있겠지요.
목적지에 대한 강한 열망과 갈구는 우리 모두가 그 길에서 만나는 어려움을
이겨낼 가장 강력한 원동력이 됩니다. 그리고 목적지는 늘 모든 갈림길에서 우리가
어디로 가야 할지 알려줍니다. 그래서 목적지는 가장 중요합니다.

사람이 만약 한 대의 자동차라면 움직이게 하는 연료는 무엇일까요?

월급, 보너스, 복리후생, 이른 퇴근만으로 계속 쌩쌩 달릴 수 있을까요?
자식에겐 절대로 광고를 시키지 않겠다고 하는 분들도 있습니다.
내 자식에게 권하지도 못할 정도로 별로인 일을 몇 년, 몇십 년간 계속하는 건
슬프고 안타까운 일이 아닐까요? 호구지책이 아니라 부산밀면을 위한 일을
하는 게 행복하지 않을까요? 부산밀면, 인생의 목적지, 흔히 하는 말로 꿈입니다.
좀 더 Tangible 하게 표현해보자면 "묘비명"입니다.
"경주 최씨 사성공파…."
우리의 전통적인 묘비에는 우리가 '태어나기 전에 이미 결정된 것'이 주로 쓰여있지만
서구의 묘비명은 좀 다른 것 같습니다. '그 사람이 태어나서 했던 일 중에서 세상에
영향을 끼쳤던 것 혹은 그 삶을 한마디로 축약한 것'이 쓰여있습니다.
("평생을 어린이들의 웃음을 위해 살던 마리아 잭슨, 여기서 잠들다"라는 건, UN에서
제3세계 아동문제를 해결하려고 평생 노력했던 어떤 인물의 묘비명이자 꿈일 수 있겠지요.)
내 묘비명에 꼭 쓰여 있었으면 하는 말, 그건 아마도
'내가 평생 살면서 꼭 이루고 싶은 것'이자
'다른 것들을 포기하더라도 꼭 이루고 싶은 것'이라서
'만약 이루게 된다면 가장 행복해질 수 있는 것'일 겁니다.
그것이 바로 우리 인생의 목적지 즉, '꿈' 아닐까요?
그리고 그것이 아마 당신의 '부산밀면'일 것입니다.

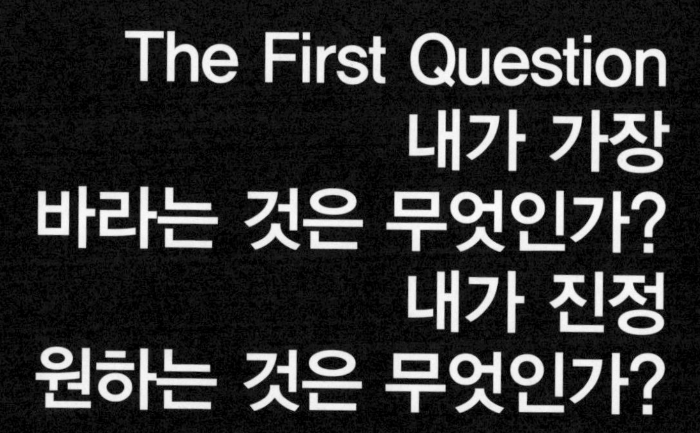

여행에서 첫 번째이자
가장 중요한 준비물이 '목적지'라면
우리가 스스로에게 해야 할 첫 번째이자
가장 중요한 질문 또한
'Life Destination'에 관한 것은 아닐까요?
부산밀면, 전주비빔밥, 제주도갈치조림
저는 인생이라는 긴 여행 중에 목적지는
매년, 매월 바뀌어도 된다고 생각합니다.
다만 언제든 항상 꼭 하나는 갖고 있어야 합니다.
I found '부산밀면', So What?
만약 여러분이 삶의 목적지를, 꿈을, 묘비명을 부산밀면을
드디어 찾았다면 그리고 정했다면
그것은 우리의 '인생이라는 여행'에
바로 이렇게 영향을 미치게 됩니다.

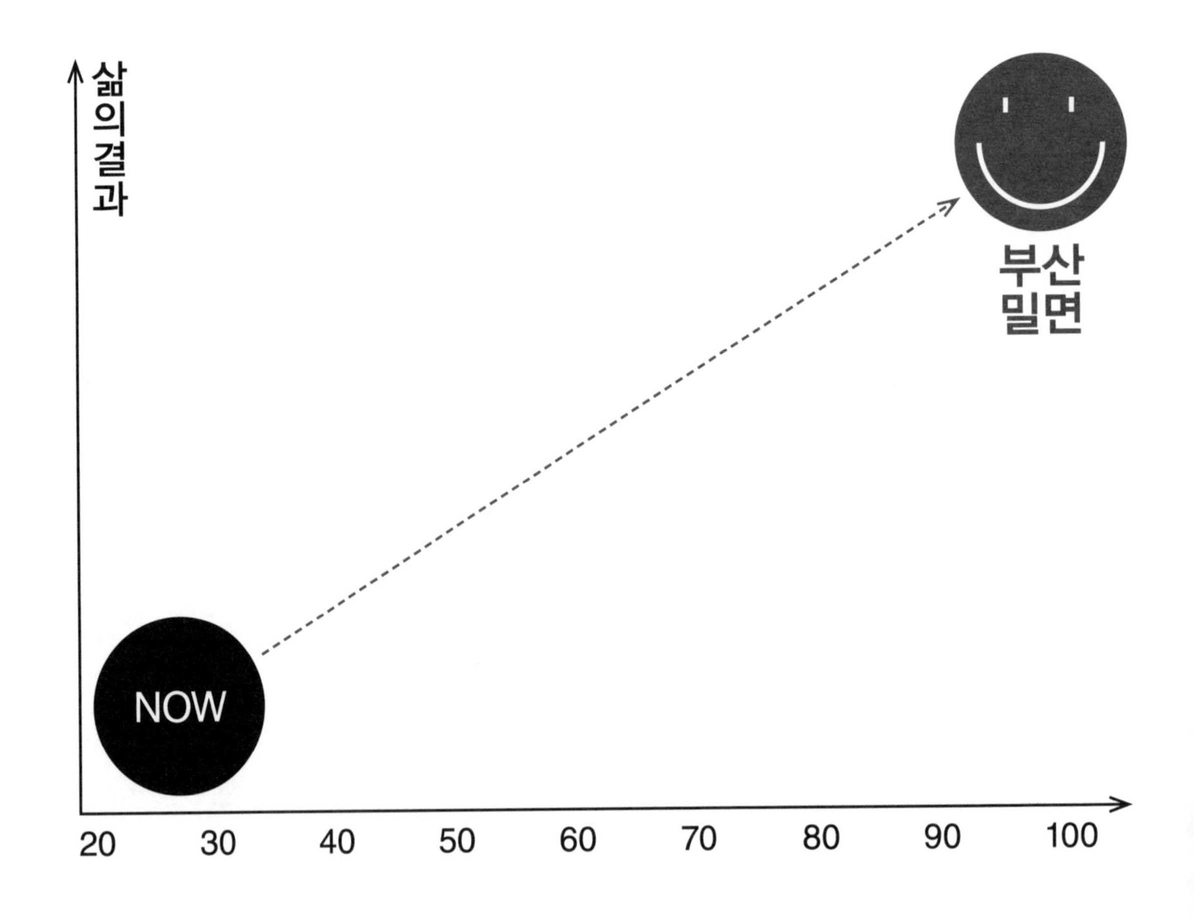

우리가 100살까지 산다고 가정해 보겠습니다. 현재의 "나"와 언젠가 내가 반드시 죽기 전에 이루고 싶은 것, "부산 밀면 혹은 묘비명" 사이에 눈에 보이지 않는 선을 그어 볼 수 있을 겁니다. 인생이 그렇게 단순하지는 않지만 이해를 돕기 위해 단순화시켜보겠습니다. X축 출발점은 각자의 현재 나이입니다. ▶▶

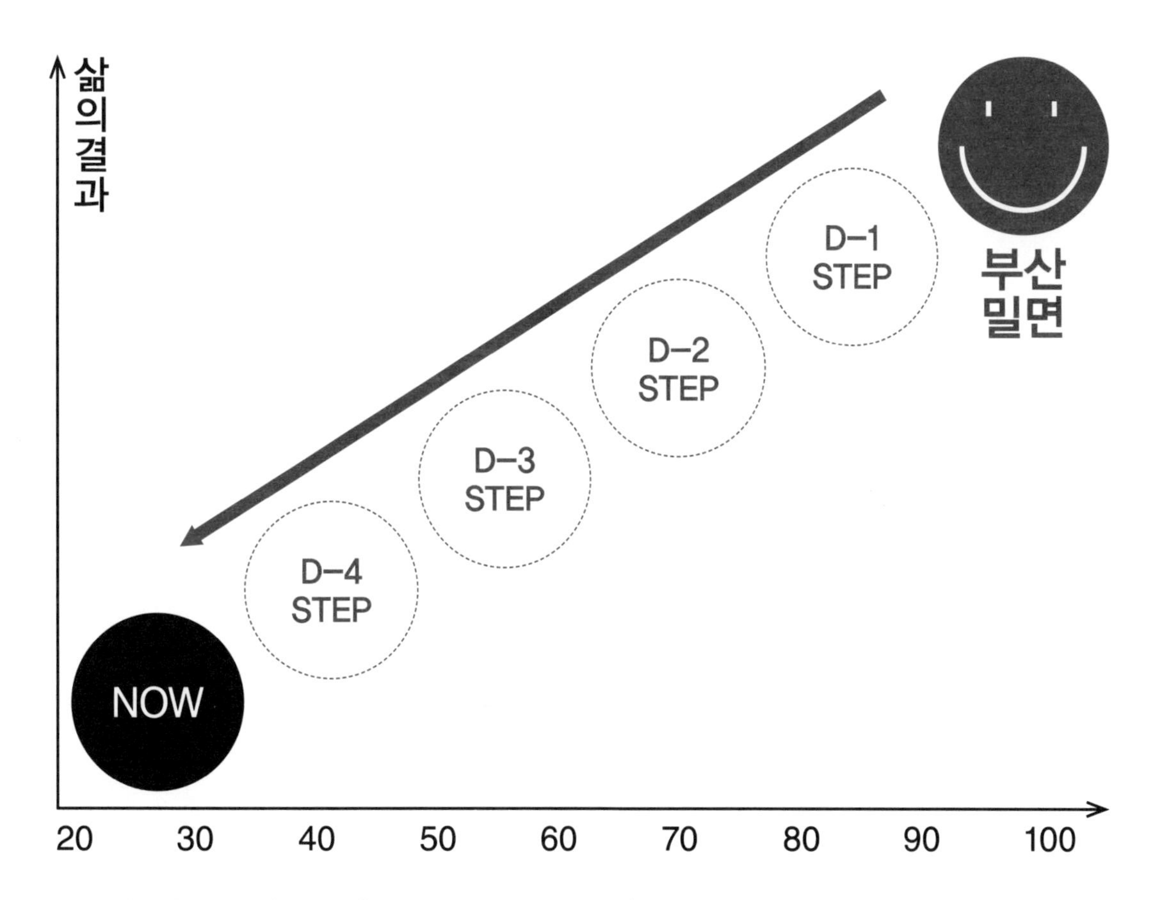

자, 그럼 다음 순서는 "부산밀면"부터 선을 따라 현재의 "나"까지 거꾸로 내려오면서 역산을 한번 해 보겠습니다.100살에 부산역 앞에서 부산밀면을 먹으려면 80에는 부산 톨게이트를 통과해야 하고 60에는 대구를, 40에는 대전쯤을 지나고 있어야 합니다. 최종 목적지가 정해지면 현재의 내가 거기에 닿기 전까지 구체적인 각 단계별, 연령별 목표를 생각해 볼 수 있습니다. 최종목적을 이루기 위한 '각 단계&연령의 목표'는 해당 시기에 나의 '삶의 의사결정'을 하는 데 가장 강력한 기준이 될 겁니다. 가령, 부산으로 가야 하는 사람은 호법분기점에서 인천이나 강릉으로 꺾어야 할지 말지 고민하지 않고 바로 대전 쪽으로 직진하게 될 겁니다. 길이 안 막힌다면 그것이 부산으로 가는 가장 빠르고 정확한 길이니까요.

▶▶

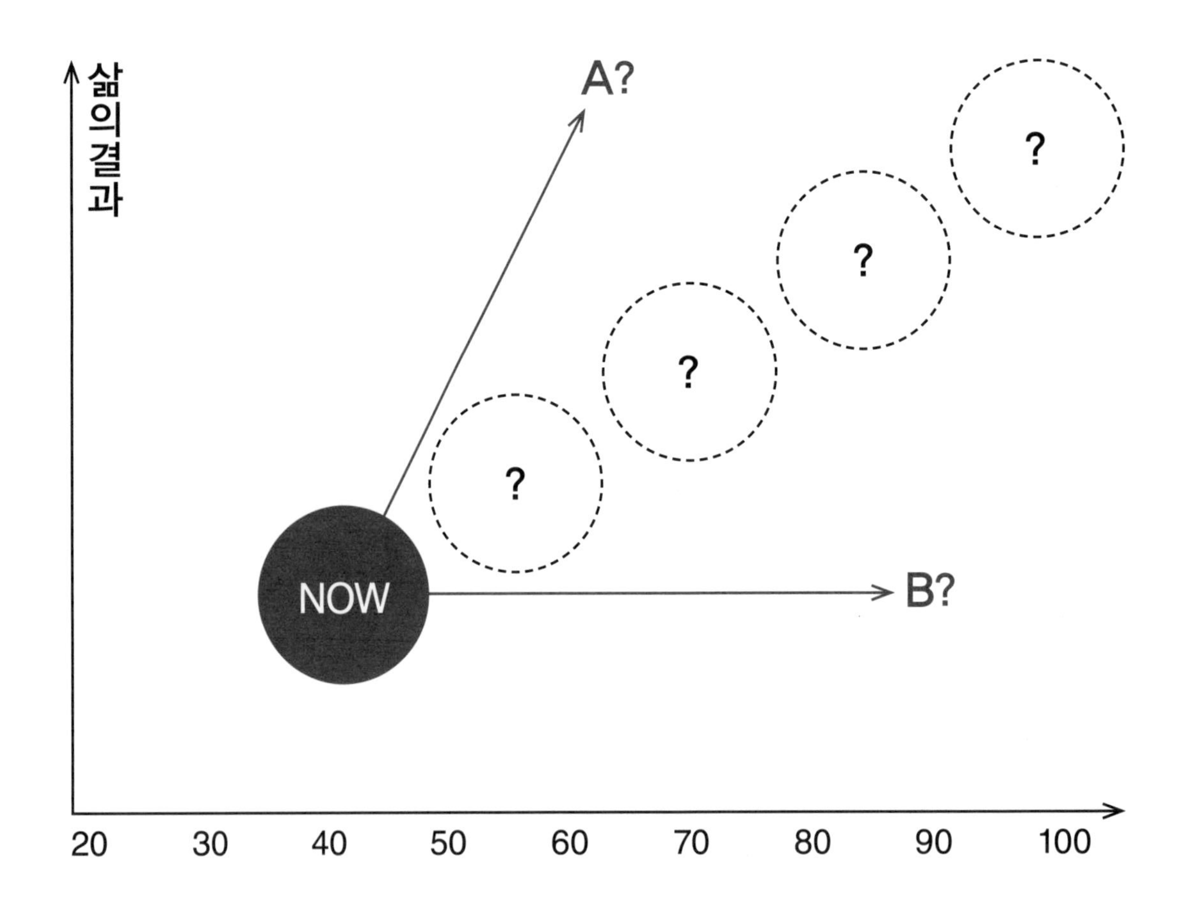

"저는, 어디로 가야 합니까?" 누군가가 묻습니다. 꿈이, 목적지가, 부산밀면이 없거나 흐릿하면 술 한잔 먹다가 욱하고 큰 후회를 만들 일을 덜컥 결정하기도 하고 누가 모든 걸 다 내려놓고 외국으로 함께 떠나자고 하면 가게 될지도 모릅니다. 그런데 그렇게 그만두고, 그렇게 훌쩍 떠나면 모든 일이 다 해결되고 계속 행복해질 수 있을까요? 그 다음 갈림길에서는 또 어떤 기준으로 새로운 길을 선택해야 할까요? 내가 지금 어디로 가고 있는지, 최종목적지가 어디인지, 그래서 지금은 어디쯤 있는지를 인식하고 사는 것은 그래서 중요합니다. ▶▶

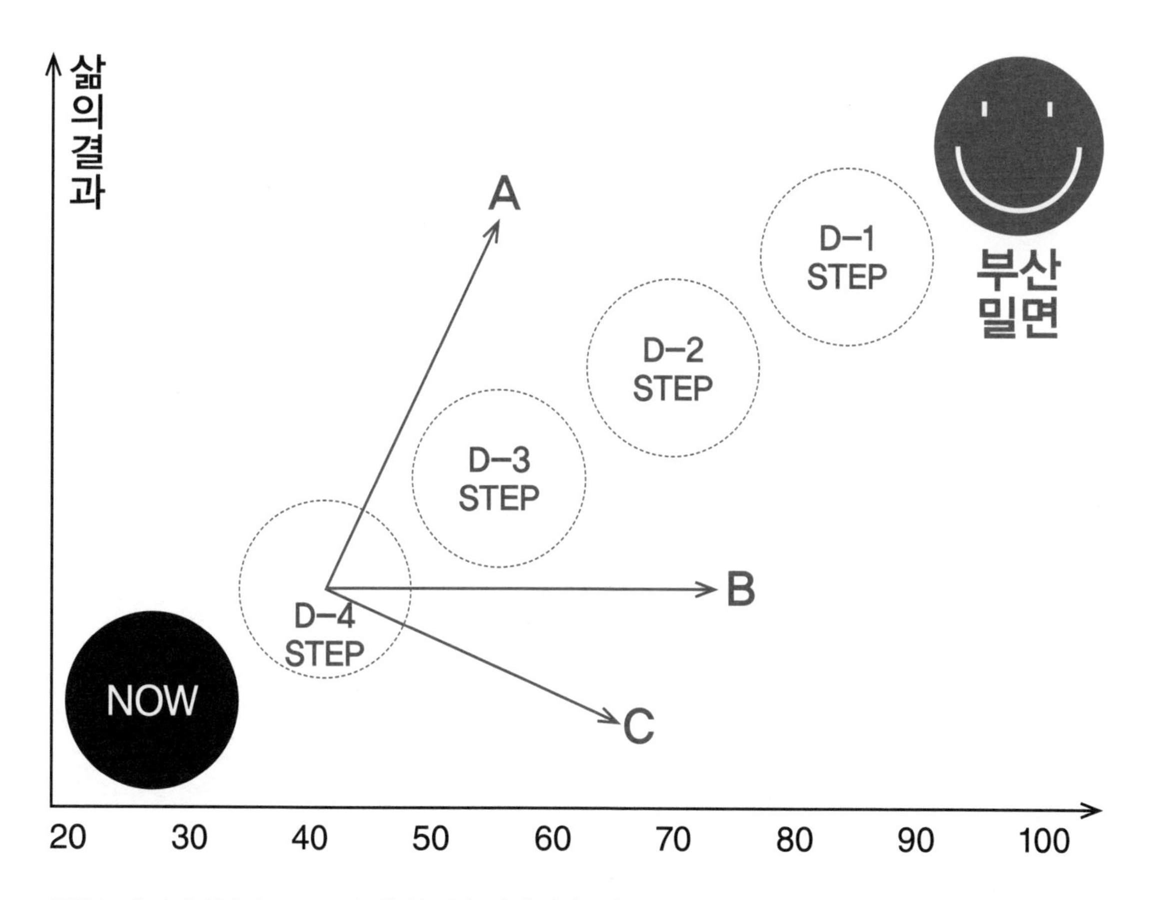

인생의 세 가지 선택지 A, B, C가 생겼습니다. 과연 어떤 것을 골라야 진짜 내 인생을 위한 선택이 될까요? 어떤 선택이 가장 나를 행복하게 만들어 줄까요? 부산밀면까지의 향후 경로를 보면 B가 정답입니다. A나 C가 돈을 더 벌 수도, 몸이 더 편할 수도 있지만 '가장 궁극적으로 나를 행복하게 해 줄 그것'을 얻으러 가는 길에 가장 가깝기에 B가 답입니다. 부산밀면은 삶의 순간순간, 정말 필요한 선택의 기준을 제공합니다. 이런 선택의 기준이 없으면 그때그때 일시적 감정이나 작은 혜택에 '눈이 멀어서' 엉뚱한 선택을 하게 됩니다. 그런 선택이 과연 우리에게 행복을 줄 수 있을까요? 부산밀면은 그래서 우리 인생의 방향타이면서 쉽지 않은 항해를 인내하게 해 주는 등대입니다. 사회생활이란 단지 '월급봉투'만으로 계속하기엔 충분히 어렵고 힘들고 때로 지루하기 짝이 없습니다. ▶▶

Be realistic, demand the impossible

리얼리스트가 되라, 그러나 불가능한 꿈을 가져라

부산밀면이 너무 이루기 쉬운 것이라면
그것에 대한 열망과 갈구는 그만큼 약해질 겁니다.
자동차라면 연료의 폭발력이 약한 것과 같을 겁니다.
동네 뒷산을 오르려는 사람과 에베레스트를 오르려는
사람의 마음가짐은 사뭇 다르겠지요.
그래서 부산밀면은, 꿈은, 목적지는
이루기 쉽지 않거나 굉장히 어려운 것이어야 합니다.

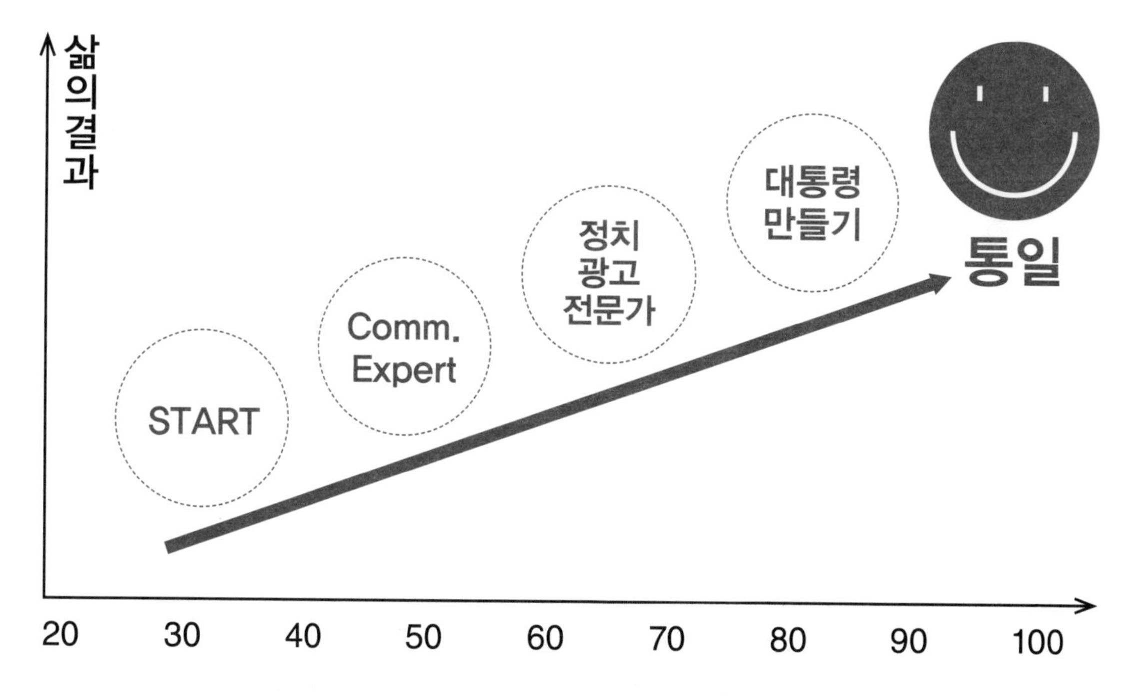

더 쉬운 이해를 돕기 위해, 제 부산밀면을 말씀드립니다. 저의 부산밀면은, 꿈은, 목적지는 '통일'입니다. (네, 마음껏 웃으셔도 됩니다. 아내도 처음 듣고 무척 황당해했으니까요^^;) 왜냐고 물으셔도 딱히 드릴 수 있는 답은 없습니다. 그냥 제가 하고 싶으니까요. 그게 꿈이니까요. 좀 더 정확하게는 언젠가 제가 가진—지금보다는 더 뛰어난—광고&마케팅 커뮤니케이션 능력으로 '통일을 이뤄낼 만한 훌륭한 분'이 대통령이 될 수 있게 돕는 것입니다. 저에게는 이 명확하게 그어있는 빨간 선이, 제가 처음 선을 그은 그 날부터 지금까지 제게 많은 것을 가져다주었습니다. 누군가에게 부당한 대접을 받아도 만약 조금 더 참아야 하는 상황이라면 기꺼이 참아낼 수 있게 해주는 힘, 이틀 밤을 꼬박 새운 어느 월요일 새벽 6시에 다시 시작할 수 있게 해 준 힘, 어느 대기업의 광고주로, 혹은 광고와 무관한 괜찮은 회사로 오라는 유혹을 이겨내는 힘. 이 빨간 선은 제게 그런 힘을 주었습니다. 어쩌면 저는 이번 생에 부산밀면을 못 먹게 될지도 모릅니다. 대구쯤에서 맛 탐방 여행을 끝내게 될지도 모르지요. 그래도 저는 아마 행복할 겁니다. 제가 어디로 가고 있는지 분명히 알고 있을 것이기 때문입니다. 여러분에게도 여러분만의 부산밀면이 있으면 더 좋은 여행이 될 거라고 저는 생각합니다. 그리고 그 빨간색 선을 따라 신나는 여행을 해 보시길 권해드리고 싶습니다.

NOT **1DAY** *BUT* **4-20YEARS**

초중고 12년간 우리는 오직 단 하루에 대해서만 생각했습니다. '대학교 합격결과를 받아 드는' 바로 그날 말입니다. 그런데 이상한 것은 정작 그날 이후에 시작될 4년간의 '대학 생활'에 대해서는 한 번도 생각해 본 적이 없습니다. 무엇을 배우고 무엇을 연구하며 그 4년이 남은 나의 인생에 어떤 역할을 할지에 대한 진지하고 깊은 고민을 해 본 적이 없습니다. 저도 대학교에 입학하고 꽤나 헤맸던 이유가(학점이 0.482였던 학기도 있었으니까요.) 그런 것이 아니었을까 싶습니다. '하루가 아닌 4년에 대한 질문을, 어디로 가야 할지에 대한 진지한 고민을' 해 본 적이 없었기 때문이 아니었을까 싶습니다. 우리가 취직을 하거나 이직을 고민할 때도 똑같지 않을까요? '입사확정연락을 받는 그날'에만 집중해서는 그날 이후에 펼쳐질 진짜 직장생활에 허둥댈 수 있습니다. 대학이야 4년이지만 직업은 20년 혹은 그 이상을 계속해야 하니까 문제는 더 심각해질 수 있습니다. ***하루가 아니라 4년, 20년에 대한 고민과 질문이 필요합니다.***

NOT **VEHICLE** *BUT* **DESTI-NATION**

"지금 내가 어떤 차를 타고 있나, 어떤 차로 업그레이드하는 게 좋을까?"라는 질문은 정작 가장 중요한 '지금 어디로 가고 있고, 나는 어디를 가장 가고 싶어 하는 것일까?'라는 질문을 생각하지 못하게 만듭니다. 아무리 좋은 차를 타고 있어도 어디로 가는지 모르고 아무 곳이나 정처 없이 떠돈다면 그 여행은 행복할 수 없습니다. 가다가 돌아오기도 쉽지 않을뿐더러 때론 돌아오는 게 불가능하니 더욱 그러합니다. ***일을 통해서, 삶을 통해서 이루고자 하는 꿈이, 목적지가 있어야 합니다.***

NOT
MONEY
BUT
DREAM

돈은 우리가 하는 일의 '결과'입니다. 만약, 돈이 목적이라면 지금 하는 일보다 '더 많은 돈을 벌 수 있는 어떤 일'이 나타났을 때 당장 바꾸는 게 맞지 않을까요? 많은 사람들이 마치 '돈'이 목적인 양 생각하게 되는 가장 큰 이유는 다른 진정한 목적이, 이 일을 통해 이루고자 하는 궁극적인 목적지가(부산밀면이) 없기 때문은 아닐까요? 휴게소에서 맛본 맛있는 간식은 결과이지 목적이 아니듯, 돈은 결과입니다. ***돈은 우리가 하는 일의 목적이 아닙니다. 목적이 되어서는 안 됩니다. 우리에겐 부산밀면이 필요합니다.***

NOT **POSITION** *BUT* **MISSION**

우리가 '목적지'를 찾고 정할 때 범할 수 있는 오류가 하나 있습니다. 바로 목적지를 'Position'으로 정의하는 것입니다. 목적지는 절대 'Position'이 아니라 'Mission'으로 정의되어야 합니다.'TOP3 안에 드는 광고회사의 사장이 되겠다'는 Position이 목적지라면, 부사장에서 멈추는 것은 실패가 되고, TOP5회사의 사장이 돼도 실패입니다. 무엇보다 'Position'만으로는 세상에 아무 의미가 없지 않을까요? 설령, 이룬다고 해도 허망하지 않을까요? 그와 달리 '온 세상 아기들의 엉덩이를 가장 뽀송뽀송하게 만들어 주고 싶다'라는 Mission을 목적지로 정해 둔 누군가는 그 꿈을 공장장이 되어서 이룰 수도, 부장이거나 이사거나 사장이 되어서 이룰 수도 있습니다. ***중요한 것은 하고자 했던 이루고자 했던 바로 '그 일'일 것입니다. 그것이 바로 Mission입니다.***

궁극적인 목적지에관한 질문이아니라 현상황의타개 근시안적 개선에관한 질문들

이 질문들이 Bad Question인 이유는,
Destination이 아니라 Vehicle에 관한 질문이기 때문입니다.

어떤 업종, 어느 회사가 연봉, 인센티브, 복리후생이 제일 좋을까?
이런 일 하려고 내가 고생해서 대학 나왔어? 확 내일 들이받아버릴까?
주식시황이 좋다던데, 어느 회사주식을 사 두면 오를까?
그 사람이 여기서 이러지 말고 자기랑 미국 가자던데? 가는 게 맞겠지?

Bad Question to Good Question

'눈 앞의 것에만 집중하는'에서 '궁극적으로 원하는 것을 지향하는' 질문으로

B. **어떤 업종, 어느 회사가 연봉, 인센티브, 복리후생이 제일 좋을까?**

G. **나는 이번 생에 어떤 걸 해보고 싶은 걸까? 해놓고 가고 싶은 걸까?**
그걸 위해선 지금, 무엇을 하는 것이 어디에 몸담고 있는 것이 좋을까?

다음 휴게소의 맛있는 간식이나 깨끗한 화장실이 잠깐의 즐거움을 줄 수는 있지만 여행은 거기서 끝이 아닙니다. 내가 과연 어디로 가고 있는지를 생각하고 거기에 몰두해야 '진짜의 행복'을 맛볼 수 있습니다. 가야 할 길을 알고 열심히 즐겁게 가다 보면 휴게소는 어차피 또 나오게 됩니다.

B. **이런 일 하려고 내가 고생해서 대학 나왔어? 확 내일 들이받아버릴까?**

G. **내가 뭘 하려고, 무엇 때문에 여기 있더라?**

들이받는 것도 좋습니다. 단 하루만 살고 만다면 말입니다. 그 일이 초래할 이후의 일은 너무 뻔합니다. 그리고 무엇보다 그 사람보다는 내가 더 중요합니다. 훨씬 중요합니다. 부딪히는 것이 내일의 나를 위한 거라면 하는 게 맞고 아니라면 반대가 맞습니다.

B. **주식시황이 좋다던데, 어느 회사주식을 사 두면 오를까?**

G. **내가 하는 이 일을 더 잘하려면 무슨 공부를, 무엇을 더 하면 좋을까?**

재테크 자체는 절대 나쁜 것이 아닙니다. 다만 그것과 관련된 질문이 가득하고, 에너지를 거기에 쏟아붓게 되면 정작 '내가 가고 있는 이 길을 더 잘 갈 수 있는 방법'에 대한 질문은 하기 어려워집니다. 돈은 '목적'이 될 수 없습니다. 열심히 일한 자신에 대해 예상할 수 있는 좋은 '결과'일 뿐입니다.

B. **그 사람이 여기서 이러지 말고 자기랑 미국 가자던데? 가는 게 맞겠지?**

G. **원래 내가 진짜 하고 싶었던 게 뭐였지? 거기 가서 그게 가능할까?**
그러기 위해서는 지금 나는 어디서 뭘 하는 게 더 나을까?

'방향'이 없으면 오늘이 힘들고 고단해서 내일 자리를 바꿔도 크게 달라지지 않습니다. 새로 만든 고속도로로 달린다고 여행 자체가 크게 달라지지 않듯이 말입니다.

QUESTION
THE ESSENCE
ALL FROM YOU
PURPOSEFUL
DOING
IMAGINATION
LOOK AS IT IS
BE THE MINOR
METHOD AD
DESTINATION

드디어 열 가지의 이야기를 모두 말씀드렸습니다.
여기까지 읽으신 분께 단 하나의 부탁을 드립니다.
절대로 열 가지를 다이어리에 적어두고 매일 보는 사람이 되지 마시고,
마음에 든 딱 한 가지를 내일부터 실천하는 분이 되시기를 부탁드립니다.
이 책은 당신에게 '아는 책'이 아니라 '하는 책'이 되었으면 합니다.
지금까지 질문을 의심하고 의심을 질문하는 청개구리 광고쟁이였습니다.
감사합니다.

THANKS TO

하필이면 나랑 뛰느라, 산과 들로 PT와 광고주를 들쳐업고 뛰느라 어지간히 고단했을 든든하고 멋진 전우이자 동생들, 효실 원민 민수 승훈 여진 세웅 예슬 성은 윤희 석희&장현 영섭 웅주 그리고 많은 SK플래닛 팀원들과 애드쿠아 본부원들 / 가장 뜨거웠던 20대부터 함께였고 아빠이자 남편이 된 40대엔 가장 든든한 친구로 남은, 평생을 함께할 고마운 동생들, 일호 성진 승철 태훈 수현 종우 민석 / 힘들었던 순간마다 늘 내 인생의 든든한 빽, 석완형 원준형 광석형 재현형 / 존경하는 스승과 멘토님들, 성영신 교수님 한승민 대표님 문상숙 본부장님 김현중 부사장님 전훈철 사장님 서정교 대표님 / 300p가 넘는 초고를 읽고 기꺼이 Advice를 해 주신, 더 좋고 덜 위험한 책이 나오게 도와주신 감사한 분들, 조희숙 정준화 김효실 이희정 김인구 송유수 이현아 김신혜 김형주 신동훈 양승현 김영걸 이규용 이무진 님 / 책을 처음 써 보는 초짜의 용감한 도서기획안에 덥석 손을 내밀어 주신 브레인스토어 홍정우 대표님과 꼼꼼하게 더 맛있게 다듬어주신 남슬기 에디터님 / 근면과 성실, 끈기의 힘이 무엇인지 가르쳐 주신 인생의 기둥 아버지와 삶의 지혜, 놀라운 통찰로 힘들 때마다 길을 알려 주신 인생의 등대 어머니 / 같은 배에서 태어나 함께 나이 들어가는 형제들, 경주형님네 경연이네 상식이와 희경이네, 울산 형님네, 대구큰형님네 / 세상에서 유일하게 나보다 더 중요한 '그녀'를 예쁜 아기로 낳아 현명한 아내와 멋진 엄마가 되게 키워주신 감사한 두 번째 부모님 장인, 장모님

— 그리고 무엇보다 이번 인생, 나의 본질이자 가장 중요한 질문이며 보물인 아내와 아들에게 가장 큰 고마움과 사랑을 전합니다.

CHANGE THE QUESTION

초판 1쇄 펴낸 날 | 2017년 12월 8일

지은이 | 최상학
펴낸이 | 홍정우
펴낸곳 | 브레인스토어

책임편집 | 이상은
편집진행 | 남슬기
디자인 | 김한기
마케팅 | 정다운

주소 | (121-894) 서울특별시 마포구 양화로7안길 31(서교동, 1층)
전화 | (02)3275-2915~7
팩스 | (02)3275-2918
이메일 | brainstore@chol.com
페이스북 | http://www.facebook.com/brainstorebooks

등록 | 2007년 11월 30일(제313-2007-000238호)

ISBN 979-11-88073-11-5(03320)

이 도서의 국립중앙도서관 출판예정도서목록(CIP)은 서지정보유통지원시스템 홈페이지(http://seoji.nl.go.kr)와 국가자료공동목록시스템(http://www.nl.go.kr/kolisnet)에서 이용하실 수 있습니다.(CIP제어번호: CIP2017029996)